品尝妙趣科普，享受知识大餐

文学大师

探索卷

给你讲科普故事

Masters of World Literature
Inspire
the Children's Minds

总策划／邢　涛
主　编／龚　勋

浙江科学技术出版社

前言

每一个星球都有神秘奇妙的故事，每一寸土地都是缤纷多彩的世界，每一个生命都演绎着不朽的传奇……它们构成了生动有趣的科学世界。读过本书，你会发现科学原来无处不在！研究科学的过程是如此快乐！我们生活的世界是如此新奇、美妙！

这是一套比故事书更有趣的科普读物。书中精选了世界顶级文学大师的经典名作，他们用生动清新的笔墨，将一个个与科学有关的故事描绘得妙趣横生，令人欲罢不能。为适应中国读者的阅读习惯，编者对原著进行了改写。在这里，科学不再是晦涩难懂的术语、抽象的定理和公式，而是拥有灵魂的星球、奇险美妙的大自然、充满丰富感情的动植物、鲜活有趣的历史、藏着无数秘密的岩石……

这套书将为你打开科学的大门，展现天文、地理、物理、化学、生物、历史等诸多领域的秘密。在这里，你不仅能探索世界的无穷奥秘，领略科学世界的绮丽风光，还能进入生物的内心世界，感受自然界的趣味以及生命的真谛。

下面，就让我们跟随这套奇特的丛书，去神秘、有趣的科学世界探险吧！

目录

太阳请假的时候

[德国] 柏吉尔

一天晚上，乌拉·波拉说："从前有段时间，人们忽然感到很悲观。他们不满意自己，不满意一切。

"他们说：'喔，生活简直太劳累了！工作太多，而娱乐太少！我们得把它们颠倒过来！总而言之，言而总之，我们应该好好休息一下了！'

"于是他们放下所有的事情，一起罢工！所有的机器都停止运转，烟囱里也不再冒出滚滚浓烟。没有竣工的楼房，围着高高的脚手架，孤零零地耸立在天空。裁缝收起了针线；皮匠不再擦蜡线，不再钉鞋底；店里的伙计关好了店铺；矿工不再下矿；渔夫不去捕鱼。最高兴的就是那些牛羊了，它们欢快地四处奔跑，放声大叫，因为没有人来管它们了。

"农民们都跑到了小茶馆里，他们说：'好，既然城里人都罢工了，我们为什么还要去种田呢？我们也要罢工！'于是，那些铁犁、锄头、镰刀、水车等农具就没人过问了。城里人说：'随你们便，反正我们的仓库里堆满了粮食，地窖里放满了土豆，我们暂时

用不上你们的农产品！’

“太阳惊奇地从空中望下来，目瞪口呆地看着地面上的种种奇事。

“‘啊！’月亮说，‘地球上的人太疯狂了！我在地球周围环行了无数万年，还从未见过这么荒唐的事！看来人类要面临不幸了，因为让人类团结起来的事情只有工作。现在人们连手指头都不动一下，他们的面前只有死亡。哦，工作是多么光荣啊！我将继续照亮黑夜，领着金色的星群在天上行走！’

“可是农民早就停止了耕种，他们整天坐在茶馆酒店里喝酒打牌，让太阳感到非常失望。

“有一天，太阳感伤地说：‘既然这样，我又何必再照耀大地呢？既然你们不撒下种子让我培育成熟，既然不用我照着你们工作，那么，我的存在就失去了意义。你们就在黑暗里逍遥自在吧！我可不愿意照耀一群懒虫！你们得想明白，如果不赶紧工作，我也要请假了！’

“‘随你便，太阳先生！’人们抱怨道，‘你爱怎么做就怎么做吧，反正我们早就决定不再工作了！’

“当天晚上，太阳涨红着脸落山了，显然是发怒了。第二天早晨他不会再来了，因为他已经请假了！

“‘啊？太阳真的走了！’第二天，好多人哭丧着脸说，‘这样一来，天就冷了，而且白天也和黑夜一样黑暗了。’

“还有些人说：‘不过夜里还会有光的，因为夜里有月亮出来照耀我们！’

“然而到了夜里，天空仍然一片漆黑，似乎月亮也请假了！人们连忙去问最有名、学问最高的天文学家，是什么原因让月亮不在天空照耀？

“‘这个么，’天文学家说，‘月亮是没有办法照耀大地了。太阳不发光，月亮就只好躲在黑暗里，因为她得先被太阳照亮，才能把光反射到地面上。’

“人们懊恼地说：‘好吧，那她就不用照耀了。反正我们能用电灯照亮街道，用电炉来温暖房屋。’

“于是人们用煤炭烧锅炉，开动巨型蒸汽机制造电流，这下千百盏电灯把每家每户都照亮了。

“他们把煤放在巨大的容器里加热，让产生的煤气通过管道输往每家每户。人们一点煤气，就可以用电炉取暖，用煤气灶做饭。于是，他们开始嘲笑太阳。

“然而过了一段时间，人们的存煤都用光了。由于矿工不愿意为别人服务，锅炉里就没有新的煤可填，水就无法煮沸，蒸汽机就无法运转。同时煤气也没有了，光明和温暖也没有了，人们又开始不安了。

“有些人站出来说：‘大家别灰心，没有太阳并不可怕。虽然没有煤来开动蒸汽机，但是我们还有水力。地球上有那么多瀑布从高处流下来，我们可以在瀑布下面装些水磨和轮机[①]，让水流冲打在轮子上，让轮子运转，启动发电机，这样我们又能用电力采光取暖了！’

“可是人们赶到瀑布附近，却发现那里没有一滴流动的水，这并不是因为水结成了冰，而是实实在在没有水。于是他们又去问最有名、学问最高的气象学家：‘请告诉我们，瀑布为什么都干涸了

①轮机：通常指发动机。使用轮机的时候，人们会通过烧开锅炉产生蒸汽，蒸汽通过轮机的涡轮把热能转换成动能，推动轮机的主轴转动，从而带动发电机发电。

呢？’

“聪明的气象学家说：‘喔，原因很简单！瀑布之所以从高高的山顶流下来，是因为太阳把山顶的冰雪融化成水的缘故。现在太阳已经停止照耀了，山顶的冰雪就不再融化，山脚下就不可能有瀑布了。本来山顶积起的雨水也能变成瀑布流下来，可是现在太阳不把河海里的水蒸发起来，上升到空中变成积雨云，也就不可能有雨水了。太阳可以用温热来制造雨露霜雪，可是他已经请假了，地球上就什么都没有了。’

“‘真可恶！’人们愤愤地说，‘我们为什么要任凭太阳摆布呢？我们还可以利用风。风可以帮我们转动风车，有了风力，我们就能运转轮子、开动发电机了。大家别灰心，现在我们就去造巨大的风车。’

“‘哎哟！’铁匠和木匠不满地说，‘这下我们又要过忙忙碌碌的生活了！’

“‘别苦恼！’旁人宽慰他们说，‘工作只是暂时的，等风车装置好，大家又能过安逸的生活了！’

“于是，铁匠和木匠日夜不停地赶造巨大的风帆和机器。由于天气一天比一天寒冷，他们的手脚都冻僵了。后来，巨大的风车终于造好了，只要有风，就能让风车旋转起来，这样他们又可以有电力、电光和电热了。

“然而，那时候一丝风也没有，不仅树叶静止不动，就连细小的尘埃也飞不起来。

“人们疑惑不已，于是又跑到气象学家那里问：‘请告诉我们，风什么时候才能刮到这里呢？’

“气象学家听罢叹了口气，扶了扶他的眼镜，语气沉重地说：

‘没有了太阳，就等于没有了风，因为太阳是风暴的制造者。太阳让各地的空气变得温暖，但是有的地方享受的阳光多，有的地方享受的阳光少，因此有的地方热，有的地方冷。较热的地方空气向上升，较冷的地方空气就沿地面流过去，以填补较热的地方上升的空气，由此形成了风。如果沿地面流动的空气走得太快，就会形成风暴；如果走得慢，就会形成摇曳树枝的轻风。现在太阳已经不再温暖空气，空气就无法流动，你们的大风车也就白造了。’

“从那以后，人们从早到晚板着面孔，动不动就生气打架。然而，这样做也没有用，他们还是不能让大风车转动起来。

“‘你们必须去矿井里挖出些煤来。’人们说。可是矿工们根本不听，别人都在休息，他们怎么会单独干活呢？

“‘我们不想被冻死！’大家叫了起来。到处都吵吵嚷嚷的，有些人甚至因为争执打得头破血流。为了吃到热乎乎的饭菜，住上温暖的房间，他们就把树林里的树木全都砍下来当柴烧。野外特别寒冷，有人露天劳作的时候竟被冻死了。

“天气一天比一天冷，人们感觉像住在北极一样。海水结了冰，足有100多米厚，轮船无法去远方装运粮食和日用品了，渔民也不能捕鱼了。森林里的许多动物都被冻死了，小鸟冻僵了落在地上，血液已凝成了冰块。地面冻得硬邦邦的，就像钢铁一样，即使想用犁来耕种也是不可能的了。

“恐怖的黑暗笼罩着整个世界，只有遥远天际的繁星还射出点点微光，照耀着没有太阳的不幸的地球。

“人们的处境越来越糟了。‘我们要复工！’最后，他们不得不喊了起来，‘我们需要光明和温暖，需要云和风，我们要享受翠绿的树木和随风起伏的麦田，我们要享受鸟儿的歌声和花草的清

香，我们需要太阳来照耀！是的，太阳，他带给我们欢乐、舒适和美满的生活！’

“‘我们要复工！我们要太阳回到空中！’人们齐声呐喊，声音撼动了整个世界。

“太阳听到喊声，朝地球上一看，发现人们已经醒悟过来了。他露出笑脸，从地平线上升了起来，发出耀眼的光芒，又把整个世界纳入他温暖的怀抱。

“无论男女老少，都从屋子里跑了出来，站在刺目的阳光中，温暖他们冻得发抖的四肢。很快，一种崭新的生命力就出现在他们苍白的脸上了。

“太阳凭着射出的光线，展示了无数精彩的奇迹，而这都是人们以前不曾注意到的。他融化了冰冻的泉水，让它们潺潺地向前流去；他解放了冰封的江海湖泽，让海面再起波涛，让水手和渔夫像往常一样工作。

“太阳让空气变得温暖了，引起气流的涌动，于是风呼呼地吹了起来，吹动了风车上的叶片。消融的冰雪从山顶流淌下来，于是瀑布也苏醒了。

“很快，风车和水车的主人又衔着烟斗，兴高采烈地磨起了麦粉。农民们则推着犁，在刚解冻的田地里翻着泥土。

“干枯的树木抽出了新芽；没被冻死的小鸟从藏身的洞穴里飞了出来，在树枝上唧唧喳喳地唱着歌；天空中那个环游地球的老旅行家——月亮，则在天空的云端背后露出了笑脸。

“太阳看着眼前的一切，笑眯眯地渐渐西沉了，就像慈祥的父亲关爱他的孩子们一样。”

春分时才能立起鸡蛋吗

[美国] 菲利普·普莱

我们来仔细看看这只普普通通的鸡蛋。

从外表上看，这只鸡蛋长着坚硬的白色钙质外壳，壳的表面大部分很圆滑，但是有一些小小的隆起线，甚至有一些细小的波纹。不过，这只鸡蛋整体的几何形状非常完美，所以我们一看到同样精巧的东西就会用“卵形”这个词形容。

在鸡蛋内部，我们能看到白色的蛋白和黄色的蛋黄。如果我们把它孵出来，这些黏糊糊的东西就会变成可爱的小鸡。但是，通常情况下我们不会这么做。

人们采取了种种卑劣的招式对付鸡蛋，从简单的蒸煮到各种奇奇怪怪的做法。比如，为了证明地面有多热，人们会在人行道上煎鸡蛋；在万圣节前夜，人们还会用鸡蛋来“装饰”房子。

另外，有一种更怪异的仪式是用鸡蛋完成的。每年一到春季，这种仪式就在美国各地乃至全世界上演。在3月21日前后，世界上的很多人都会拿着鸡蛋，设法让它立起来。

我曾做过一项调查，调查对象是听我发表演讲的那些听众，以及我在聚会上或在超市里排队时遇到的人。调查显示，几乎有一半的人听说过这种尝试，或者亲自体验过。粗略一算，美国有将近1.3亿人做过这种试验，因此它值得我们做一番考察。

假如你亲自做过或者观看过这种试验，就知道它需要惊人的毅力、耐力和细心。另外，它还需要运气，需要一个非常平整的台面，以及一点天文学知识点缀其间。

乍看起来，你可能认为天文学知识在这个试验里起不到什么作用。其实，正像远古文化里的仪式一样，在整个过程中，最讲究的就是时机。

这种仪式在春分这天上演，这一天，太阳刚好从南半球穿行到北半球。春分的英文是vernal equinox，而vernal（春天的）一词的词根含义是“绿色的”，可见它与春天有着密切的联系。

在我看来，立起一只鸡蛋的做法，是人们庆祝春分的一种奇特方式，和古老的祭司在巨石阵[①]下跳舞如出一辙。

那么，鸡蛋到底是怎样立起来的呢？根据传说，只有在春分这一天才能立起鸡蛋，并让它完美地保持平衡。有人甚至认为，必须要在春分的特定时刻才能立起鸡蛋。如果在其他时间尝试，就算前后只差几分钟，也无法让鸡蛋立起来。

这就是立鸡蛋仪式的全部内容。这一切看起来很简单，不是吗？每年在这个充满魔力的日子里，电视台的播音员都会谈论立鸡蛋的事，很多学校的科学实验室里也会上演立鸡蛋的情景。有时候，电视台的播音员还会跑到教室里报道，而这些笑逐颜开的未来科学家们会在11:00新闻或当晚的节目中展露笑脸。

① 巨石阵：欧洲著名的史前文化神庙遗址，位于英国索尔兹伯里平原，其主体由几十块巨大的石柱组成。迄今为止，古人建造巨石阵的过程和目的仍然是个谜。

不过，如果教师们不多做点事情的话，这些孩子作为科学家的前景可就值得怀疑了。其实，能把鸡蛋立起来，并未以某种方式证明这个传说。下面，我们来仔细分析一下。

我们有必要从一些显而易见的问题开始：春分这天为什么是立起鸡蛋的唯一时间？

如果拿这个问题问别人，估计别人会含糊其辞地说，可能在这个特殊的日子里，地球的万有引力最为合适。这天，太阳、地球和鸡蛋都处在最合适的位置上，因此能让鸡蛋立起来。

这种说法肯定是不准确的。地球表面总有某些点位于太阳和地心之间，和任何特定时间都没有关系。而且，月球不是也会施加某种影响吗？

要知道，月球作用于地球的引力非常大，所以它的引力也会有不小的影响。可是在这个传说里，月球丝毫没有发挥作用。由此可见，春分这个时机并不是问题的根源。

所幸的是，春分时能立起鸡蛋的传说可以被实践检验。因为这个传说十分明确：鸡蛋只能在春分时立起来，在其他时间无法做到。那么，用试验来证谬就很容易了：我们可以设法在春分以外的日子立起一只鸡蛋。

然而问题是，大多数人只在春分这天立鸡蛋，而在其他日子根本不会做这种尝试。

不过，我曾经亲自做过试验。在秋天的时候，我立起了7只鸡蛋。当然，你可能怀疑我说的话，不过怀疑是一种很重要的科学态度。如果你读这篇文章的时候不是春分，那么你可以找些鸡蛋亲自试试，我会静待你的试验结果。

怎么样？鸡蛋立起来了吗？可能不行，毕竟立起鸡蛋不是一件容易的事情。你要有耐心，有一双稳稳当当的手，还要有立起鸡蛋的强烈愿望。

我立起那些鸡蛋后，在平衡它们的时候遇到了困难。就在这时，我太太刚好下楼了。她问我到底在玩什么把戏，并且立即认定这准是一件好玩的事情。我认为，可能是她好胜的天性驱使她这么做的——她想立起更多的鸡蛋。尽管她开始做这件事的时候有点困难，但是她做到了！

我告诉她，据说如果先晃一晃鸡蛋，让蛋黄下沉，鸡蛋会更容易立起来。她照做了。但是她摇晃鸡蛋的时候太用力了，结果把蛋壳捏碎了，弄得厨房墙壁上到处都是黏糊糊的东西！我想，这样的厨房在全国也是绝无仅有的了。

最后，她成功地立起了剩下的几只鸡蛋。我们俩把鸡蛋盒里的所有鸡蛋都立起来了！她的手比我稳当多了！

有一次，我要去马萨诸塞州的一个自然科学博物馆作蹩脚的天文学讲演。因为暴风雨的影响，我迟到了。我只好飞快地换好礼服，跑着去了礼堂。

进入礼堂的时候，我已经跑得气喘吁吁了，手也因为紧张和激动而微微发抖。以前我都会在演讲开始时立起一只鸡蛋，可是这次因为手有点抖，很难把鸡蛋立起来。

当主持人介绍我的时候，我一直在跟鸡蛋较劲。就在他念完我名字的时候，我竟然奇迹般地把鸡蛋立了起来。直到现在，那天的掌声也是我所赢得的最热烈、最让人快乐的一次。

立鸡蛋是有窍门的，如果你有足够的耐心和细心，那么一盒鸡蛋里你总会立起来一两只。

当然，还有一个更简单的窍门，那就是先在桌子上薄薄地撒上一些盐，这样鸡蛋便很容易立在那些微小的盐粒上了。之后再将桌子上多余的盐吹走，支撑鸡蛋的盐就几乎看不到了。但是这种办法只是为了让鸡蛋更容易地立起来，而且还有欺诈嫌疑，诚实的人是不愿意做的。

实际上，不借助任何工具将鸡蛋立起来的方法不是别的，就是勤加练习。这种方法只能在实践中去体会而不可言传，只要下工夫，任何人都可以做到。

但这还是完全无法解答鸡蛋为什么能立起来的问题。鸡蛋的形状是那样奇特，看上去一点都不平衡，总会让人觉得倒下来才更加符合常理。可是，鸡蛋为什么真的能立起来呢？我承认自己对鸡蛋的结构一无所知，为了弄清楚这个问题，我只能去请教专家。

我找到了斯韦恩博士，他是美国农业部的家禽兽医，对鸡蛋的解剖结构相当了解。

他告诉我，鸡蛋之所以形状特殊，是因为鸡蛋在生产中通过生殖系统受到了挤压。蛋黄是在卵巢里形成的，当蛋黄被迫通过一个漏斗形器官的时候，蛋白被加了进去。此时，蛋白和蛋黄还是半黏状的，被一层又薄又软的膜覆盖着。漏斗形器官通过有节奏的蠕动，对鸡蛋施加了压力。鸡蛋后部因受力而逐渐变细，但鸡蛋前端则稍平，这就是鸡蛋不对称的原因。

最后，鸡蛋到达了壳腺，并将在那里待上20小时左右。在这段时间，碳酸钙会在鸡蛋四周沉淀下来，形成蛋壳。由于碳酸钙会凝结成块，所以鸡蛋底部有时会有一些小小的凸起。当蛋壳形成后，鸡就开始产蛋了。

弄清楚鸡蛋的解剖结构之后，我对鸡蛋能立起来有了两个推测。一个推测是，给鸡蛋加热的时候，蛋白会变得薄一点，而蛋黄则会下沉。蛋黄下沉后，鸡蛋的重心就下降了，这会让立起鸡蛋变得更容易。

但是，斯韦恩博士很快就否定了这个推测。他说："蛋白的黏性和温度并没有太大关系。鸡蛋的构造非常精巧，无论生熟，蛋黄几乎就在鸡蛋的中央。"

他的说法很有道理。蛋黄是胚胎的养料，蛋白会保护它避免撞到蛋壳内壁，否则蛋黄会受到损伤。如果蛋白变薄了，就无法起到保护的作用，因此蛋白必须很厚。也就是说，加热鸡蛋对于立起鸡蛋并没有多少帮助。

我的另一个推测是缘于蛋壳上那些小小的碳酸钙凸起。我认为，这些凸起就像凳子腿一样，有助于支撑。我通过试验发现，一只光滑的鸡蛋很难——但并非不可能——立起来。但是如果掌握了窍门，一只不那么平滑的鸡蛋就非常容易立起来。由此，我得出结论：鸡蛋之所以能立起来，并不是因为地球绕太阳转动时的微妙时机，而是因为鸡蛋底部那些粗糙的小小凸起。

但是，那个传说仍然存在，并且早已深入人心。我收到了很多封关于立起鸡蛋的邮件，特别是在3月中旬，春分前不久。很多人都认为我的推测是错误的，为了证明我的错误，他们会在春分这天尝试立鸡蛋。当然，他们成功了，鸡蛋立起来了！

我回信告诉他们，鸡蛋肯定会立起来，它在别的任何日子也会立起来，只要尝试一下就会证明这一点。但是他们并没有试验，他们确信自己是对的。

他们因为确信而口口相传，可这并不是有力的证明。如果仅仅因为有人说事情如此，并不会让事情果真如此，谁也不知道那是他或她从哪里听来的说法。

不过，幸运的是，我们能查到春分时立鸡蛋的传说由来。著名的怀疑论者马丁·加德纳曾在非常理性的杂志《怀疑论者》（1996年5/6月刊）上发表文章，春分时立鸡蛋的传说，来源于1945年3月19日《生活》[①]上雅各比所写的一篇关于中国仪式的文章。

文章称：在中国，春天的第一天叫作立春，在春分前第六周左右。在大多数国家，两分（春分、秋分）、两至（夏至、冬至）并不是季节的开始，而是季节的中点。因为一个季节有3个月或12周，因此这些国家相信春天始于春分前第六周。

加德纳认为，虽然中国的很多传说通过古书被传播开来，但是其起源很难查到。1945年，在中国的重庆，突然有很多人开始立鸡蛋。对此，雅各比小姐在《生活》上做了详细的报道。有趣的是，雅各比报道称，中国人是在春季的第一天立鸡蛋的，不过她并没有提及，中国人认为的春季第一天，要比美国人认为的春季第一天早一个半月。

1983年3月20日，也就是春分这天，海纳斯——一个自称“行为艺术家”的人在纽约聚集了100多人，当众立起了鸡蛋。对此，《纽约客》在1983年4月4日出版的刊物中做了详细记载。文章描述了海纳斯小姐如何把鸡蛋分发给围观者们，并让他们不要在指定时间之前竖起鸡蛋，到了晚上11:39，她立起了一只鸡蛋，然后宣布：“春天来了！”

“紧接着，围观的人纷纷立起了鸡蛋。”《纽约客》中写道：“向上帝发誓，海纳斯小姐确实把鸡蛋立起来了。”

春分两天后，《纽约客》的记者带着12只鸡蛋，又来到曾举行

① 《生活》：美国杂志，由卢斯于1936年创办。《生活》原为周刊，从1978年9月起改为月刊。该杂志以发表专题照片、特写为主，题材广泛。

上述仪式的场所。这个记者花了20分钟立鸡蛋，可遗憾的是，他连一只鸡蛋也没有立起来。记者认为，他的失败可能是心理原因，或许他希望看到海纳斯被证明是对的。

此后，海纳斯小姐还搞出了更多的鸡蛋平衡仪式。1984年，有5000余人来到世贸中心，参加了一场鸡蛋平衡的活动。4年后的1988年3月19日，《纽约时报》[①]以“春天到了，去立起一只鸡蛋”为标题，发表了一篇社论。2天后，《时代》刊登了人们在世贸中心立鸡蛋的照片。

由此看来，春分时立鸡蛋的传说似乎很容易传播，既然著名的《纽约时报》也推波助澜的话，那么它的传播就是势不可挡的。但是，我不想让这种谬论从我眼前溜走，我想改变人们的认识。

我收到过不少真正做过试验的人的邮件，其中一封来自文森特，寄件人是密歇根州曼瑟洛纳中学的教师。她想亲自检验这个传说，并让同学们在1999年10月16日一起立鸡蛋。事实证明，他们不仅能在春分前5个月立起几只鸡蛋，还能用鸡蛋窄小的那一头立起来。

文森特小姐给我寄来一张照片以示证明。照片上，她和同学们骄傲地看着面前的鸡蛋，而鸡蛋以一种在我看来完全是颠倒的方式立了起来。

这是我当时做不到的技艺，我承认我有一丝丝的同行间的嫉妒。我以前总是假定这是不可能做到的，不过，当我得知它能做到后，我就努力地尝试，最终也将鸡蛋在窄小一端立了起来。

顺便提一句，文森特小姐告诉我，那些立起来的鸡蛋直到1个

① 《纽约时报》：美国日报，风格古典严肃，在全世界发行。《纽约时报》拥有良好的公信力和权威性，因此具有较大的影响力。

月后才被放倒。有些人不愿意接受他们听到的说法，而愿意亲自尝试，这其实就是科学的要义。

科学的要义在于它会自我改进。还记得我前面说过的，关于粗糙凸起支撑鸡蛋的推测吗？文森特小姐和她的学生用事实证明这个推测是错的，他们让鸡蛋在窄小一头立了起来，而我从没见过窄小那头不光滑的鸡蛋。

当然，粗糙凸起会让立起鸡蛋更容易。但是，这些凸起肯定不是立起鸡蛋的关键因素，否则鸡蛋就不会在窄小一头立起来。

很明显，文森特小姐和她的学生是通过坚持和强烈的愿望立起鸡蛋的。这也是科学的美妙之处，其一在于它的自我改进，其二就是你从不知道改进将来自何处。我的改进就来自于密歇根州的曼瑟洛纳中学。

科学的世界里总会有“为什么”“为什么不是这种方式”之类的问题。很多时候，你需要围绕问题来思考。比如，如果说春分是个特殊的日子，那么秋分不也是特殊的日子吗？它们基本是相同的，可是你肯定从未听说在9月份设法立起鸡蛋。特别是在南半球和北半球，季节刚好相反，如果一边是春季，那么另一边就是秋季，反之亦然。

可是，人们通常不会关心这些问题，只是轻易地接受被告知的事物，这是一种危险的做法。如果只是想当然地认为某种说法是正确的，而不加以批判思考，那么你可能会接受了一个前提错误的学说，可能为不道德的政客投了一票，也可能买下一辆或许会送掉性命的旧车。科学的态度正是区别正确数据与错误数据的方法。

亲自实践科学是奇妙的，它会让我们思考万物，而思考是我们能做的最好的事情之一。

吃人的兰花[1]

[英国] 赫伯特·乔治·威尔斯

买兰花时，最关键的是运气。兰花离开产地的时候，通常只是一团草根、一把细草。当它们被长途转运时，由于路上缺少足够的养料和照料，再好的品种也会变得枯萎干黄、难以入眼。

兰花的品种好不好，需要靠你的眼力去辨别。凭借你的经验和判断，或者卖主的推荐，或者你的鸿运高照，你才有可能买到上乘的品种。

不过就算你买到了手，也别高兴得太早，说不定过几天它就成了夭折的枯草、没用的废物，变得一钱不值。当然，它也可能渐渐地重现生机，似乎在告诉你，你的钱并没有花错地方。

经过一番精心培育，它会渐渐地展露出一种妖娆的、奇妙的风采。它那唇形的花瓣卷曲着，姿态动人，幽香扑鼻，仿佛是一种有了生命的动物，绝对令人瞠目结舌。

像这样侥幸得到名兰的美事时有发生。于是，瑰丽、骄傲、转

1 兰花：多年生草本植物，亦叫胡姬花。兰花的根呈长筒状，叶自茎部簇生，2～3片成一束，花朵芳香，被誉为“花中君子”。

手就可获利的希望便同时聚焦于一个娇嫩的花萼[1]上。说不定，你还会因此而流芳百世。因为当你得到一个新奇品种的时候，你一定会给它起个名字。有些人绞尽脑汁也想不出恰当的名字，于是索性用自己的名字给它命名，比如“约翰·史密斯”。这怎么像兰花的名字呢？不过，事实上还有比这更糟糕的命名呢！

温脱·怀达朋就是一个出了名的兰花爱好者，他经常去花市碰运气，期望有朝一日能撞见一个珍奇的名贵品种。除此之外，他一无所好，仿佛世界上的一切都与他无关，再也没有什么让他感兴趣的事情了。

他有点腼腆，不善于交际，遇事明哲保身。他有着不错的收入，本来可以搞搞集邮、玩玩古币之类的，可是这些他偏偏全不干，非要种植兰花。

一天，怀达朋一边喝咖啡，一边说：“我想，我今天一定会碰上点什么事。”

他的女管家，也就是他的远房表妹，皱着眉头说：“哦，千万别这样说！”因为她曾“碰上”过让她难过的“一件事”，所以怀达朋的话触动了她最敏感的那根心弦，让她感到很不快。她以为怀达朋是故意冲她说的，因此脸色一下子阴沉下来。

自从表妹当上了管家，怀达朋的饮食起居便由她精心安排，一切都弄得井井有条。怀达朋做不了主，也不想做主了。他本来就怕得罪人，现在更是不敢得罪表妹。

他见表妹不高兴了，连忙低声下气地解释道：“你误会了，我只是随口胡说罢了，绝不是故意说让你不高兴的话的。其实我到底

[1] 花萼：指花瓣下部的一圈叶状绿色小片。花萼包在花瓣外面，在花朵尚未开放时起着保护花蕾的作用。

说的是什么意思，连我自己都不清楚呢。”

怀达朋停了一下，接着说：“彼得商店进了一批从安达曼和南洋运来的兰花，我想过去挑选一下，说不定能买到一些好品种。”他把空杯子递了过去，还要一杯咖啡。

女管家接过杯子，又给他倒满一杯咖啡，说：“是你前几天提到的那个可怜的年轻人收集到的吗？”

“是啊。”他说。他一边吃着烤面包，一边沉思起来。过了一会儿，他自言自语道：“我从未遇到过什么事情，而别人遇到的事情却那么多，我很想弄清楚原因。

“就说哈维吧，几个星期以前的星期一，他捡到了6便士；星期三，他养的小鸡全得了鸡瘟；星期五，他的表兄从澳大利亚回来了；星期六，他的脚踝扭断了。你看，他的生活跌宕起伏，多有趣啊！再看看我的生活，总是这么平淡无奇！”

女管家不以为然地说：“我可不想过这么兴奋的生活，这样对你有什么好处呢？”

怀达朋想了想，说：“当然，像这样的兴奋其实也够麻烦的。但是……我活到现在，什么事情都没有遇到过，我从小就没有遭受过什么不测之灾。成年以后，我没有谈过恋爱，更没有结过婚……我想知道，假如我遇到了什么不平凡的事情，我会有什么样的感受呢？”

“我认识一个年轻的兰花品种搜集者。”怀达朋接着说道，“他36岁那年就死了，死的时候比我整整年轻20岁。可是他结过2次婚，得过4次疟疾，大腿也摔断过1次。他中过马来人的毒箭，还杀死了一个马来人。后来，他被丛林里的蚂蟥[1]叮死了。这个结局

[1] 蚂蟥：一种吸血的环节动物。蚂蟥的头部有吸盘，当它叮咬人或动物的时候，会用吸盘吸住皮肤，并钻进皮肉里吸血。蚂蟥的吸血量很大，是其体重的2～10倍。

当然令人苦恼，不过，如果撇开那可恶的蚂蟥不算，他的一生也够精彩的了。”

女管家插嘴说了一句：“我确信，这种经历对于他来说，肯定是非常不幸的。”

“或许是不幸的。”怀达朋看了看手表，说，“现在8:20了，我准备乘坐11:45的火车出发，那样时间会宽裕些。我想，我应该穿上那件南美洲的羊驼毛夹克，那件衣服很保暖，再戴上灰呢帽，穿上棕色的皮鞋。如果我……”

他看了看窗外晴朗的天空和阳光照射下的花园，然后神情紧张地看着他的表妹。

“如果你准备去伦敦[1]的话，还是带上雨伞吧。从这里到火车站也有一段距离。”她的语气很坚决，看来是不容置疑的。怀达朋穿戴整齐后，拿着一把雨伞顶着太阳出发了。因为他心情很愉悦，所以拿着雨伞也不觉得累赘。

傍晚，怀达朋从伦敦回来了，样子非常兴奋。他做成了一笔交易——毫不迟疑地买下了几株兰花。这种当机立断、干脆利落的行动，在他的一生中是相当罕见的。

他对表妹说：“这株兰花叫繁达士，那株叫淡达罗白，还有几株叫培丽昂诺菲士，都是出了名的好品种。”他满怀欣喜地看着这些兰花，然后把它们摆在面前雪白的桌布上。

“我就知道今天会交好运，果不其然，我买到了这些难得的兰花。”怀达朋一边开心地说着，一边慢条斯理地吃着晚餐，“我敢肯定，有几株兰花绝对是不同凡响的。我不知道它们以后会长成什

---

[1] 伦敦：英国首都。伦敦上空的气流主要来自大西洋。温暖的洋流向空气中释放出大量的湿气，一遇到冷空气就会形成雨，所以伦敦经常下雨。

探索卷

么样子，但是我有把握，正像别人告诉我的那样，有几株兰花会证明自己是不同凡响的。”

他指着一段卷曲的地下茎，兴奋地说：“你看，这株兰花还看不出是什么品种，可能是培丽昂诺菲士，也可能不是。或许它是个崭新的品种，甚至是一个新属。这就是可怜的裴登临死前搜集到的品种。”

他的表妹看了看那段地下茎，撇了撇嘴说：“它长得太丑了，我不喜欢它的样子。”

“我看，还说不上它到底是什么样子。”

女管家说：“我不喜欢这种支支棱棱冒出来的东西。”

“可是，无论如何，我得把它栽在花盆里，看看它到底能长成什么样儿。”

“它看起来就像一只装死的蝴蝶。”女管家说。

怀达朋笑了笑，歪着脑袋打量着草根：“这肯定算不上是漂亮的草根，可是我们也不能只凭它干枯的外表下结论。从这段不寻常的草根里，也许能长出光彩夺目的兰花来。明天我打算忙上一整天，把它好好地栽培一下。今天晚上，我得下点工夫计划下先做什么，再做什么，这样明天就能按部就班地大干一场了。”

随后，怀达朋向表妹讲述了可怜的裴登是怎样采集到这株兰花的。他说：“裴登一辈子经营兰花。他和几个土人[1]一起采集兰花的时候，不幸发生了意外。

“为了找到难得的品种，裴登独自一人遥遥领先，一直搜寻到红树林深处。过了很长时间，土人才找到他的踪迹，发现他竟然倒

[1] 土人：指经济、文化等不发达地区的土著（含有轻视的意味）。

在了潮湿的草丛里。他孤零零地躺在那儿，已经死了。不，可能是快要死了——到底是死了，还是快要死了，我现在已经记不清了。

“有一株兰花压在了他的身子底下。此前，他得了一种当地流行的热病，已经发烧几天了。采集兰花的那天，他还在发着烧。我想，他或许是昏倒在红树林的湿地里的。

“他的同伴说，裴登的身体出血不止，因为他倒下后，被丛林里的蚂蟥吸血来着。这株兰花就压在他的身下，很可能是他赔上了性命，才换来了这株兰花。”

“无论这株兰花怎样来之不易，我都不喜欢它。”女管家用不容置疑的语气说。

“可是裴登为了它付出了生命！”怀达朋表情严肃地说。

女管家说：“但是这种行为让人难受！你想想吧，他为什么要放弃安逸的生活，去可怕的沼泽地里冒险？他发着高烧，吃着奎宁[1]那种苦药，身边没有老婆孩子，只有当地的土人。那些土人没有受过专门的训练，不可能当他的护士吧？他得不到什么照顾，虽然生病了还要到丛林里去，而目的只是为了让英国人买到上等的兰花！你觉得这能让人心里舒服吗？”

“我心里也不舒服。”怀达朋说，“但是有些人似乎以这种生活为乐。虽然那些土人当不了他的护士，但他们尽心尽力地照料着他生前采集到的这株兰花。他们把这株兰花以及他采集到的其他兰花，一并交付给了他的朋友。他的朋友把这些兰花带回了英国。可惜他们不知道这株兰花是什么品种，而且把它搞得枯萎了。但是正因为认不出它是什么品种，它的价值就更高了。”

---

1 奎宁：指金鸡纳树及同属植物树皮中含有的生物碱，俗称“金鸡纳霜”，具有解热、防治各种疟疾的功效。

“这倒使这种东西让人厌恶了！”女管家皱着眉头说，“想象一下，一具尸体曾倒在这株兰花上，这种情形岂不是让人作三日呕？我就连做梦也梦不到这种可怕的场景。你赶紧打住吧，再说下去我连饭都吃不下了！”

“好吧，我马上把它从桌上挪到窗台上，放在那儿我一样可以看见。”他连忙说。

此后的几天，怀达朋从早到晚都在热气蒸腾的玻璃花房里忙碌着。他买来了木炭、树墩、苔藓，以及园艺家所需的种种奇怪的用品及工具。

他竭尽全力地侍弄着花草，他认为只有这样生活才有意义。他正在培育前所未有的奇异名花，正在创造令人惊叹的奇迹。他对表妹讲着这批新兰花的事情，一遍遍地重复着，他是如此渴望它们成活，渴望它们开出绝美的花朵。

可是，在他的过分呵护下，几株繁达士和淡达罗白都夭折了。而那株他认为可能是培丽昂诺菲士新属种的兰花，却迅速地生根发芽了。他欣喜若狂，赶紧拉上表妹，让她放下正在做的果酱，去花房里观赏一番。

怀达朋兴致勃勃地介绍道：“这是芽，能生出很多叶子来。那边抽出来的细小的东西，是兰花的气生小根。”

女管家说：“这些小根好像从棕褐色皮肤里长出的白色小手指，让我很不喜欢。”

“哦？你为什么不喜欢？”

“它们就像一根根小手指，正伸出来指着你，好像要伤害你似的。我一向就是这样，对于憎恶的东西喜欢不起来。”

“可是据我所知，兰花从来没有长过类似的气生小根。你看，这些小根的末端有些扁平，样子很奇特。”

女管家再次斩钉截铁地表态道：“我很不喜欢这堆草！”她神色紧张地转过身去，全身也战栗起来。“我知道，我的态度很不明智，特别是对于你如此喜爱的东西。可是我很难喜欢上它，我一看到它，就会想到曾压在它上面的那具尸体。”

尽管女管家的态度如此坚决，可是怀达朋每次向她谈到兰花的时候，仍然是一副兴高采烈的样子，心情丝毫不受影响。

一天，怀达朋说：“兰花的稀奇事可真多，简直让人叹为观止！你知道吗？达尔文[1]曾经研究过兰花的育种，他说，就算是一株普通的兰花，构造也十分精巧，因此才能让昆虫把花粉从一株兰花传到另一株兰花上去。不过，好像有很多兰花不能用这种办法育种，比如有种叫塞柏丽披亭的兰花就不能吸引昆虫，昆虫不会为它们授粉，人们也从未见过这种兰花结籽。”

“那它们怎么繁殖呢？”女管家不解地问。

“它们有球根，还有这种气生小根，它们就是用这些东西繁殖的。不过，让人疑惑的是，它们的花到底有什么用处呢？”

“也许，我的兰花就是这方面有些特别。”他接着说，“如果真是这样，我倒要好好研究研究。我以前也想像达尔文那样去探索生物的奥秘，可我总是没有时间。即使偶尔有点时间，也总会有别的事情来干扰我，打断我的研究工作。现在，那株兰花的叶子已经舒展开了，我真希望你能过去看看。”

她拒绝了他的邀请，她说，花房里的热气让她头疼，而且她已经再次见过那株兰花了。那些手指似的气生小根已经长到1英尺多长

1 达尔文：英国生物学家，创立了生物“进化论”的概念。1859年，他出版了震惊世界的《物种起源》，论述物种的演化是通过自然选择和人工选择的方式实现的。

了，可是她一见到那些小根，就会联想起捕捉食物的动物触手和植物触丝。

她甚至梦到过这些触手，它们长得飞快，藏在她的背后以惊人的速度伸展着，好像正在追捕她。所以她对这种兰花更加没有好感，并且决定再也不去看它。

怀达朋说服不了她，只好独自一人去了花房。他看到兰花的叶子好像常见的阔叶，浓绿而有光泽，靠近枝干的地方有深红色的斑点。他从未见过兰花有这样的叶子。

这株兰花放在温度计旁边的凳子上，挨着一个简单的设备。这个设备上有个水龙头，水龙头里的冷水洒落在热水管上，让室内变得云雾缭绕。这株兰花已经快到开花期了，他总是忍不住想象花开后的景象。

有一天，一件大事终于发生了。怀达朋一走进花房，就知道花已经打了苞，因为潮湿的空气中弥漫着一股甜蜜、浓郁的异香。这种香气冲破了其他兰花繁茂枝叶的遮拦，缭绕在花房里，渗透到了每一个角落。

他连忙朝那株兰花跑了过去。看啊！那些低垂的短茎上绽放着3朵大花，弥漫在屋子里的异香正是这些花朵散发出来的。他站在兰花前，心醉神迷地欣赏着。

那些花白嫩娇艳，花瓣上长着金橙色的条纹。厚重的唇形花瓣堆积成繁复的凸起物，金橙色的条纹便在那里与冷艳的蓝紫色汇合起来。他一眼就看出这绝对是一个新品种，但是它的香气太浓烈了，浓得让他难以忍受。温室里太热了，渐渐地，那些花在他眼前晃动起来。

他想看看温度计显示的温度是否正常，可是他刚向温度计迈了一步，整个花房突然都摇晃起来。花房的地砖仿佛上下晃动着，兰花的枝叶在不停地颤动，整个房子似乎正向旁边疾驰而去，然后回旋向上……

4:30的时候，他的表妹按照他严格规定的时间，把茶沏好了。可是，他并没有进来吃茶点。“他一定在欣赏那株可怕的兰花，他简直入了魔！”她自言自语地唠叨着。

10分钟后，她等不下去了。“也许他的表停了，我还是过去叫他吧。”

她径直走到花房，拍打着房门，喊着他的名字。然而，没有人回应。她注意到温室里闷得要命，浓郁的香气让人窒息。随后，她看到有什么东西躺在热水管旁边的砖地上。

有1分钟左右，她呆呆地站在那儿，一动也不动。他脸朝上，躺在那株兰花的旁边。那些触手般的气生小根，正聚集在一起，拧成一团灰色的绳索。它们紧密地、强劲地伸了出来，小根的末端紧紧地贴着他的头颈和双手，似乎想把他压覆在砖地上。

一开始，她不知道那是怎么回事，也不敢上前查看。后来，她看清楚了，他的脸被压在一根触须下面，那根触须显出得意洋洋的样子，而他的脸上却淌出缕缕鲜血。

她急坏了，一边断断续续地喊着，一边朝他跑了过去，竭尽全力想把他从蚂蟥般的吸盘下拉出来。她使出全身的力气，噼噼啪啪扯断了两根触须。触须的断面上立即流出鲜红的汁液，那分明是刚刚吸进去的鲜血。

浓烈的花香让她头晕目眩，但是还有吸附在他身上的那些触须没有扯断。她觉得自己仿佛在扯一根根强韧的绳索，怎么也扯不断。只过了一会儿，她便觉得怀达朋和那些白花都在身边旋转起来。她马上就要昏过去了，将要遭受和怀达朋同样的命运。

此时她的神志仍然清醒，她用坚定的意志命令自己：绝不能昏迷过去！她拖着艰难的步伐离开了怀达朋，匆匆推开花房的门，大口大口地呼吸外面的新鲜空气。然后她急中生智，抄起一个花盆，把花房一侧的玻璃都砸碎了。

当她再次进入花房的时候，已经恢复了元气。她又去扯那些触须，可是它们仍然紧紧地抓住怀达朋。她情绪激动地撕扯一番后，突然不知从哪儿来的一股力气，竟然把怀达朋和那株兰花一起拖到了外面。

她用尽全身力气，将一根根吸盘似的触手扯断了，这才把怀达朋救了出来。怀达朋脸色苍白得吓人，身上十几个圆形的伤口还在不停地出血。

这时，有个勤杂工刚好来到了花园。他看到花房的玻璃被砸得七零八落，女管家的手上满是鲜血，正拖着躺在地上一动不动的怀达朋。勤杂工惊得目瞪口呆，不明白到底发生了什么事情。

女管家冲勤杂工喊道："快拿点水过来！"

勤杂工这才如梦方醒，赶紧行动起来。他迅速但颤抖着拿来了水，看到她在情绪激动地哭着。她让怀达朋的头枕在她的腿上，擦掉了他脸上的鲜血。

过了好一会儿，怀达朋终于睁开了眼睛，虚弱地问道："刚才发生了什么事吗？"他还想再说点什么，可是随即便无力地闭上了双眼。

"叫安妮赶紧过来！"女管家吩咐道，"再立即把赫登医生请过来！"勤杂工有些迟疑，于是女管家马上说："等你回来了，我会告诉你发生了什么事。"

过了很久很久，怀达朋又缓缓地睁开了一点眼睛，迷惑地看着周围。女管家连忙向他解释道：“你在花房里昏倒了。”

他问：“那，兰花呢？”

“放心吧，我会好好照顾的。”

怀达朋流了很多血，此外没有别的什么巨大伤害。医生调了一杯加了肉汁的白兰地酒，让他喝下了。他们把他抬到楼上的起居室里，然后她断断续续地向赫登医生讲了这个难以置信的故事。

“咱们去花房看看吧。”她说。

室外的冷风通过破损的玻璃一阵阵地吹了进来，令人无法忍受的香气几乎完全消散了。屋里屋外，那些被扯乱了的气生小根散落在砖地上，大多已经枯萎，砖块上残留着一道道血迹。兰花的花茎已经断了，花朵也萎蔫不堪，花瓣边缘已由白变黄。

医生蹲下来看着这株兰花，发现还有一段气生小根在阵阵抖动着。他感到心惊胆战，连忙走开了。

第二天清晨，那株奇异的兰花还被扔在花房外面，没被扫走，已经变得糜烂、发黑了。花房的门被晨风吹得吱嘎作响。

怀达朋想培育奇异兰花的雄心，已被晨风吹得烟消云散。不过他仍然是乐观的，他认为，能遇到奇险的事情是一种光荣。他站在楼上，久久地沉浸在对这段经历的追忆之中……

拿破仑的传奇一生

[美国] 亨德里克·威廉·房龙

拿破仑生于1769年，他是父亲卡洛·马利亚·波拿巴的第三个儿子。老拿破仑的职业是科西嘉岛上阿雅克肖城的一名公证员，莱蒂西亚·拉莫利诺是他的妻子。

其实，拿破仑不应该算作法国人，而应该算作意大利人。因为一直以来，科西嘉岛不断地被古希腊、迦太基和罗马[1]征服，成为它们在地中海的殖民地。因此，科西嘉岛上的人民也在不断地为独立而战斗。

多年来，科西嘉岛上的人民一直为了摆脱意大利的统治而战斗。为此，法国对科西嘉岛的自由之战进行了大力援助。但是到了后来，法国却为了自己的利益将这座小岛据为己有。而科西嘉岛上的战斗却并未终止，从此人民又开始反抗法国的统治。

早期的拿破仑积极投身于科西嘉岛独立运动，他是科西嘉岛民族组织“辛·费因”的成员。“辛·费因”组织的主要目标就是解

---

1 罗马：古罗马帝国的发祥地，因建城历史悠久而被誉为“永恒之城”。公元756～1870年，罗马是教皇国的首都；1870年意大利王国统一后成为意大利首都。

放科西嘉岛，最终获得民族独立。

随着法国大革命[1]的爆发，科西嘉岛的独立运动得到了法国民众的同情。当时，拿破仑在布廉纳军事学院接受正规军事训练，已经服务于他入籍的国家——法国。即使当时他无法拼写出任何一个法语词汇，还说着带有浓重意大利口音的法语，但他确实是一位法国人。而后世更是将他视为一位法国的天才，成了法国一切美德的化身。

在不到20年的时间里，拿破仑所经历的战争、取得的胜利、行军的里程、所征服的土地面积、杀人的数量、进行的改革，以及将欧洲搅乱的程度，恐怕前无古人，即使是亚历山大和成吉思汗都无法与之相提并论。

拿破仑身材矮小，其貌不扬，举止粗俗。他既没有受到过良好的教育，也并未出身于富裕的贵族家庭。他年轻时穷困潦倒，甚至经常食不果腹，不得不靠耍一些小聪明度日。

拿破仑的文才不高，他曾经参加过里昂学院的有奖征文活动，结果在16位参赛者中位列第15名。然而，他有着勃勃的野心，正是这种野心造就了他的一生。

他的自我意识强到令人难以理解。写信的时候，他常用大写字母“N”署名。在他的宫殿中，也随处可见用大写字母“N”做成的装饰。他想让“拿破仑”这个名字成为地位仅次于上帝的一个伟大名字。正是这种对成功的执著，对伟大事业的追求，最终使拿破仑登上了人类历史上无人能及的巅峰。

在拿破仑还是一名普通的陆军上尉的时候，他就特别爱看希腊

[1] 法国大革命：1789年在法国爆发的资产阶级革命。它摧毁了法国的封建专制制度，建立起资产阶级的政治统治，有力地促进了资本主义的发展。

历史学家普卢塔克编撰的《名人传》。只不过他所感兴趣的，并不是书中所崇尚的古代英雄的高贵品德。

人们始终弄不清楚，拿破仑一生当中到底有没有爱过别人。

拿破仑几乎从未体谅、尊重和理解过别人。他对母亲很尊敬，那是因为他的母亲莱蒂西亚拥有高贵的气质。她像其他意大利母亲一样，懂得如何管教儿子，让他们学会尊重自己。

有一段时间，拿破仑和他的美貌妻子约瑟芬感情甚笃。约瑟芬的父亲是马提尼岛上的一位法国军官，约瑟芬的前夫博阿尔纳斯子爵因战败，被罗伯斯庇尔处死。后来，拿破仑爱上了约瑟芬，但是又因她不能生育而与其离婚，娶了奥地利皇帝的女儿。

在土伦战役中，拿破仑指挥的炮兵连表现出色，他也因此声名鹊起。当时他正专注于阅读马基雅弗利[①]的著作，接受了这位佛罗伦萨政治家的主张：如果时势有利，就可以违背诺言。

拿破仑从不知“感恩”为何物，他不对别人感恩，也不指望别人报答他。对于别人遭受的苦难，他毫不动心。

1798年，对于如何处置埃及的俘虏，拿破仑先承诺不杀，随后又把他们全部处死。在叙利亚，只因船上没有足够的空间，他残忍地将伤员全部麻醉后遗弃在海岸上。为了“给波旁家族一个警告”，他命令军事法庭将昂西恩公爵处死。他还下令将所有普鲁士军官就地正法。而当蒂罗尔爱国英雄安德烈斯·霍费尔被他捉住后，竟被他像叛徒一样处死了。

所以，当人们了解这位皇帝的一生后，就会理解为什么英国母亲会这样吓唬孩子：“要是你还不睡觉的话，波拿巴就会来把你抓

---

① 马基雅弗利：意大利政治思想家、历史学家，代表作为《君主论》。他主张君主必须同人民保持较好的关系，重视军事，灵活机动，为达到目的可以不择手段。

走吃了！”

性情古怪的拿破仑行事作风也令人难以理解。他曾对军队的各个部门都很细心关注，却单单冷落医疗部门。他在身上洒了很多科隆香水，目的是使他闻不到士兵的臭味。为此，他甚至毁掉了自己的制服。我承认，我之所以对他横加指责，是因为我的心里感到非常不快。

现在我正坐在桌前，桌子上全是书。我需要同时关注我的打字机和我的猫，因为我的猫对纸张有着特殊的爱好，我可不能让它靠近。

我本来还想继续向你诉说拿破仑如何卑鄙无耻，但是如果我向窗外望去，在窗外的第七大道上，仿佛一切全都消失了……

伴随着一阵沙沙的军鼓声，一个身穿破旧军装的小个子骑着白马从窗下经过。也许我会立即抛弃我的书、我的猫和我的家人，去追随他，就像当年我的祖父那样。而我的祖父只是跟随拿破仑赴汤蹈火的几百万人之一。

这些人得不到什么，也没想过要得到什么，他们心甘情愿地为了这个外国人奉献出自己包括生命在内的一切。当这个外国人领着他们，冒着俄国人、英国人、西班牙人、意大利人和奥地利人的炮火冲锋时，他们一个个倒在战场上时，他们的神情从容不迫，他们死而无憾!

你要是问我为什么会这样，我无话可说。我能怎么说呢？我想他一定是一位杰出的演员，而他的舞台则是整个欧洲大陆。在任何时候，他都知道该如何去打动观众，如何使用最恰当的语言。

无论是在埃及的沙漠中，以金字塔和狮身人面像为背景的演出，还是在浸透着露水的意大利草原上，面对那些瑟瑟发抖的观众，他都能镇定自如地发表演说。

他始终是舞台的主角，所有局面都被他牢牢地掌控着。即使是在他的末日到来时，在那个大西洋的小岛上，他不得不听从英国总督指使的情况下，他的表现依然那样完美。

滑铁卢战败之后，很少有人见过这位皇帝的面。所有欧洲人都知道他被关在圣赫勒拿岛上，岛上有一支英国军队日夜看守着他，海面上还有一支英国舰队在监视岛上的动静。

没人会把他忘记，不管是敌人还是朋友。当疾病中的皇帝在绝望中死去的时候，他那双睁得圆圆的眼睛似乎还在被人们谈论着。

直到现在，拿破仑在法国人心中的地位和100年前也没有什么区别。当时人们亲眼看到他的时候，都会感到天旋地转。他在俄国克里姆林宫最辉煌的大厅里喂过马，他也曾像对待仆人一样对待过教皇和其他大人物。

如果要完整地讲述拿破仑的一生，起码要有两部书的篇幅。如果要介绍他在法国进行的大规模改革，以及他制定的、后来被欧洲许多国家所采纳的新法典，或者他在许多场合的公开活动，恐怕也得用好几张大纸才能说清楚。我只能用几句话来说明为什么他在前半生称心如意，而在后十年却一败涂地。

1789～1804年，拿破仑出色地领导了法国大革命，他为自己的荣誉而战，相继击败了奥地利、意大利、英国及俄国，他和他的军队传播着“自由、平等、博爱”。他们与封建王朝为敌，他们亲近人民群众。

然而1804年，拿破仑自封为法国皇帝，还让教皇为他加冕。在他的脑海中，教皇利奥三世在公元800年为法兰克国王查理曼加冕的画面深深地影响着他。

从一位杰出的革命领袖，摇身一变成为了皇帝，拿破仑背叛了他的精神发源地——雅各宾俱乐部。他不再为被压迫的人民提供保护，他成了压迫者的首领。他的行刑队随时待命，准备处死那些胆敢违抗他旨意的人们。

1806年，神圣罗马帝国迷失了方向。当古罗马帝国的荣誉被这个意大利农民的孙子踩在脚下的时候，没有人为它难过。而当拿破仑兵临西班牙，强迫西班牙人承认一个他们无比痛恨的国王时，舆论的谴责渐渐开始向这位常胜将军袭来。

仇恨在蔓延，当时英国人将一切正直勇敢的人团结起来，对抗这位法国皇帝。因为他此时已经不是一个革命者，而是一个旧制度的邪恶化身了。

当英国人通过报纸了解到法国进入了“恐怖时代”时，他们对这种骇人听闻的消息感到无比厌恶。100多年前，查理一世当政时期，英国也发生过革命。但是当时英国的革命与法国比起来，简直是小巫见大巫。英国人认为雅各宾党人是一群魔鬼，而拿破仑则是魔鬼头子，他们全都该被就地处死。

从1789年之后，英国海军就封锁了法国的航线，以至于拿破仑无法经埃及进攻印度。在尼罗河沿岸取得胜利的情况下，拿破仑不得不忍辱撤军。

到了1805年，英国人终于等到了机会。在西班牙西南海岸的特拉法尔加角一带，英国海军将军纳尔逊率军将拿破仑的舰队彻底歼灭。从那以后，拿破仑的军队便被限制在了陆地上。

如果那时，拿破仑能认清形势，接受欧洲列强提出的和平方案，他还能保持住他在欧洲大陆上的统治地位。但是拿破仑对自己的力量太过自负了，那些曾经的胜利像耀眼的光环一样，令他看不清自己所处的局面，使他难以容忍敌人的存在。于是他又将矛头转向俄国，那里是一片广袤的神秘土地，那里有无数的人可以为战争牺牲。

如果俄罗斯一直由那位愚蠢的保罗一世执掌，那么拿破仑就可以实现自己的野心。可遗憾的是，尽管叶卡捷琳娜女王英明果断，但她的儿子保罗一世却蠢得连皇位都保不住。俄罗斯人民揭竿而起，杀死了他，以免被他送到西伯利亚的铅矿里去做苦役。

继承沙皇皇位的是亚历山大一世，他与父亲保罗一世不同，他痛恨拿破仑，将拿破仑视为人类的公敌。亚历山大一世自信地认为，他是上帝挑选出来拯救被那个科西嘉人祸害的世界的人。亚历山大一世一再地与普鲁士、英国、奥地利缔结军事同盟，但都相继失败了，而且是5次连续失败。

1812年，亚历山大一世对拿破仑出言不逊，致使勃然大怒的法国皇帝发誓要攻陷莫斯科，用武力来让俄罗斯接受他的条件。就这样，拿破仑从西班牙、德国、荷兰、意大利和葡萄牙等国强征了一支军队，大军浩浩荡荡地去征讨辽阔的北方，为了一雪皇帝受到的羞辱。

经过两个月的跋涉，拿破仑的军队攻陷了俄罗斯首都莫斯科，并将军队的指挥部设在克里姆林宫内。1812年9月15日夜里，莫斯科城内忽然着起了大火，火越烧越大，连续烧了4天都没有熄灭。

第5天晚上，拿破仑无奈，只好下令撤军。两周之后，下雪了，路上泥泞不堪，士兵们忍着寒冷艰难前行。11月26日，经过两个月的行军，他们刚刚到达别列齐纳河。俄国人这时候开始展开反击，剽悍的哥萨克骑兵凶残地屠杀已经溃不成军的法兰西帝国军队。直到12月中旬，第一批幸存者才逃出虎口，退至德国东部城市。

当时，谣言传遍了整个欧洲，人们奔走相告："结束被奴役的时刻到了。"他们避开无孔不入的法国特务的监视，想方设法弄到枪支弹药。可没等他们组织好，拿破仑就率领着一支新组建的军队出现了。

原来，拿破仑早就抛弃了那支溃败的军队，乘坐雪橇独自回到了巴黎。他在巴黎发表了一场决战演说，他要动员更多的人参军，去保卫神圣的法兰西领土。

一群十六七岁的孩子追随着拿破仑，出兵向东，迎击联军。1813年10月16日，莱比锡战役开始了，两群孩子在战场上整整厮杀了3天，埃尔斯特河都被鲜血染红了。10月17日下午，兵力占优的俄国步兵后备队击溃了法军的防线，这时拿破仑又逃走了。

拿破仑一路逃回了巴黎，打算把皇位传给他的小儿子。可是联军不认可，他们只承认路易十六的弟弟路易十八。就这样，在哥萨克骑兵和德国骑兵的簇拥下，那位呆头呆脑的波旁亲王便以胜利者的姿态进入了巴黎。

随后，拿破仑变成了地中海上一座小岛的统治者。在那座厄尔巴岛上，他还在利用那里的弹丸之地进行军事训练，他将自己的马车夫们编成一支军队，并在棋盘上进行攻防演练。

法国失去了拿破仑，法国人顿时觉得少了很多东西。20年来，法国人尽管付出了很多，但那却是一段无与伦比的梦幻岁月。巴黎是欧洲的中心，但新登上王位的那位波旁国王，除了在流亡时期长了一身肥肉以外，别无所长。这位愚蠢、懒惰的国王让法国人无比厌恶。

1815年3月1日，就在盟国的代表们正在争吵该如何重新绘制欧洲地图的时候，拿破仑居然在法国戛纳登陆了。不到一周的时间，法国军队纷纷背叛波旁王室，全都跑到南方去投奔这个矮个子了。

拿破仑随即向巴黎进军，在3月20日抵达，他这次表现得很谦让，先是主动向盟国求和，但遭到了盟国的拒绝。整个欧洲都已经不再相信这个背信弃义的科西嘉人了。

拿破仑挥师北上，以寻求主动，想在敌人准备好之前便将他们击溃。但是拿破仑毕竟上了年纪，精力早已不如从前。当先头部队正准备进攻的时候，他病倒了，而且早年那些随他出生入死的忠实部下，现在也所剩无几了。

同年6月，拿破仑率军进入比利时，打败了老将军吕歇尔统领的普鲁士军队。

6月18日，在滑铁卢附近，拿破仑与威灵顿的军队遭遇了。那天是星期日，下午2:00时，法国军队似乎占据了上风。3:00的时候，拿破仑远远看见东方地平线上尘土飞扬，他认为这一定是他的援军来了。4:00，拿破仑终于知道那不是他的援军，而是恼羞成怒的老将军吕歇尔领兵又杀了回来。当时法军已经没有后备部队可用了。拿破仑见大势已去，便下令法军各自逃命，然后自己也逃走了。

拿破仑又一次提出条件，退位，将王位传给自己的儿子。在从厄尔巴岛逃走的第100天，他又一次乘船出海，他这次打算去美国。

在1803年，拿破仑曾以极其低廉的价格将路易斯安那卖给了美国人，当时英国人正对这块地垂涎不已，而且很快就要将它占领了。因此拿破仑认为美国人会感激他，会送给他一小块地和一所房子让他养老。但是他的计划完全无法实施，因为英国舰队早就将法国所有港口监视起来，他已经插翅难飞了。

拿破仑面前只有两个选择，要么向前被英国舰队截获，要么回头被盟国陆军捉住。权衡再三之下，拿破仑觉得英国人要比普鲁士人宽容一些。法国当局勒令拿破仑24小时之内离开法国，于是拿破仑给英国摄政王写了一封信，打算听从英国的安排。

7月15日，拿破仑在英国军舰“贝勒罗丰”号上，将自己的佩剑献给了霍瑟姆海军上将。随船到达普利茅斯后，他改乘“诺森伯兰”号到达了圣赫勒拿岛，并在那里度过了自己的余生。他想写一部回忆录，还与守卫发生了争吵。

回想自己辉煌的一生，拿破仑努力说服自己，他从没有背叛过向世界传播“自由、平等、博爱”的伟大原则，从未背叛过国民议会时期那些衣不蔽体的士兵们。他回忆自己当总司令时的岁月，讲述他创建的法兰西第一帝国，偶尔他也会思念自己的儿子赖希施坦特公爵。

当时他的儿子正住在维也纳，被阿布斯堡的表兄弟们当成“穷亲戚”一样对待。以前，这些势利小人的父辈们，一听到拿破仑的名字就会吓得浑身发抖。弥留之际，拿破仑仿佛又看到了自己率军走向胜利，他命令内伊率领卫队，对敌人发起最后一击后便永远地闭上了眼睛。

如果你想了解拿破仑的传奇，如果你想知道一个人怎样以个人意志主宰那么多人的命运，那么你不应该去读那些拿破仑的传记。因为那些人要么深爱着他，要么对他恨之入骨。

你从书中当然可以了解历史，但远不如身临其境来得真实。你可以先听一下著名歌曲《两个掷弹兵》，之后再去读那些书。这首歌是由德国著名诗人海涅填词，而海涅则亲身经历了拿破仑时代。这首歌的曲子是著名作曲家舒曼写的，舒曼也亲眼见过拿破仑。所以，这首歌是出自两位恰逢其时的人的真实感受。

欣赏这首歌吧，你能在歌曲中体会到从成千上万部书中无法体会到的一些感受。

探秘地球

[美国] 亨德里克·威廉·房龙

在古代，人们认为地球是一个很小的黑色物体，孤独地漂浮在浩瀚的宇宙中心。

其实地球并不是规则的圆球，它两极稍扁，略呈椭圆形。“两极”又是什么呢？如果你用一根毛衣针，从一个橘子的中心笔直穿过，那么在橘子上穿出的两个洞就是橘子的两极。地球的两极分为南、北，北极位于大海之上，南极则位于高山之巅。

地球的两极为什么会是扁平的呢？因为从地球赤道测量出来的地球直径要比两极间的轴线长出三百分之一。懂一些物理学知识的人都知道，即使是一粒旋转的灰尘，它的两极也会是扁平的。所以为了证明地球的这一形状特征，并不需要你成为一名极地探险家去做实地考察。

人们将地球归类为行星。“行星”这个词是希腊人发明的。很早以前，希腊人在观察星空的时候，发现一些星星不停地移动，而另一些星星则静止不动。于是，他们便将前者命名为“行星”或“流浪星”，将后者命名为“恒星”。

实际上，所谓的“恒星”也在不停地运动，只是希腊人站在地球上用肉眼观测星空时，无法像用天文望远镜那样看到恒星的运动罢了。

“星星”这个词读起来非常动听，它与梵文[①]中的“点缀”“播撒”等词有关。每到夜晚，深蓝色的天空中繁星闪烁，就像无数烛光点缀在天空上，这样的景色是多么美丽动人啊！

地球不仅不停地自传，还围绕着太阳迅速地转动。太阳是一个体积无比巨大的星球，它的表面温度高达6000℃，给地球带来了光和热。

在古人的想象中，地球是宇宙的中心，好似一片汪洋大海中的小岛，孤独地飘浮在空中，就像断了线的风筝。当时只有极少数的希腊数学家和天文学家对此提出了质疑。

经过人类几个世纪艰难而又执著的探索，走在科学最前沿的科学家们得出了一个结论——我们居住的地球并非一个圆盘，而是一个球体，它也不是静止地悬浮在空中，而是不停地围绕着太阳迅速旋转。其他的行星也在围绕着太阳旋转，它们和地球一样，都属于太阳系，它们沿着各自的轨道一丝不苟地运行着。

当教会势力在4世纪初掌握大权后，如果有人敢声明地球是圆形的，那他必将会被送上宗教法庭，因自己的言论丢掉性命。

我们对教会的所作所为不必苛求，因为当时人们大多没有科学常识，他们相信世界末日就要到来，而那时耶稣为了拯救自己的信徒，将会回到自己的受难地——地球。但是假如地球是圆形的，那么当耶稣重返地球的时候，他将不得不在两个半球之间东奔西走，

---

① 梵文：印度的古典语言，也是佛教的经典语言，印度教经典《吠陀经》即用梵文写成。

这可是亵渎圣灵、大逆不道的想法!

不过，随着时间的推移，人们只得接受了“地圆说”。15世纪左右，“地圆说”已经得到了社会上的广泛认可，因为这种学说是建立在古往今来一系列事实观测的结果上，足以令人信服。

首先，可以证明这一点的是，当人们向远处的一座高山或海上的一艘轮船靠近时，首先看到的往往是它们的顶部，随着距离越来越近，它们的全貌才渐渐呈现出来，这个事实毋庸置疑。

第二，无论身处何地，人们的视野所看到的大地边缘都是圆形的。当人们乘坐热气球升空，或者登上高塔，由于视野更加开阔的缘故，人们会看到更多的景物，但大地的边界依旧是圆形的。只有地球是圆形的情况下，人们的视野范围才会是圆形的。假如地球是方形的或者是三角形的，那么人们所看到的地平线也应该是方形的或者三角形的。

第三，在发生月偏食的时候，地球投射在月亮上的影子是圆形的。物体是什么形状的，它的影子就是什么形状的，这是一个常识。

第四，既然太阳和其他行星都是圆形的，那么地球有什么理由例外呢?

第五，麦哲伦[1]率领他的船队一直向东航行，最终却回到了他们出发的地方。还有库克船长也是带领船队从西向东航行，他们中的幸存者最终也回到了祖国。这些难道还不能说明问题吗?

最后，当人们向北极进发的时候，天空上的星座越来越低，直至从地平线上消失，而当人们向赤道方向前进时，那些星座却会越来越高。

---

1 麦哲伦：葡萄牙著名航海家。1519年，他率领船队环航地球，这是人类首次进行环球旅行。

所有这些证据都证明了一个事实——地球是一个巨型的圆球体。

太阳和月亮是地球的两个近邻。太阳每时每刻都在为地球上大约一半的生命提供光和热。月亮虽然不像太阳那样炽热光明，但是它的力量也不能轻视。

太阳巨大无比，月亮很小，而地球的大小则介于二者之间。如果将太阳比喻成一个直径为1米的圆球，那么地球就像一粒豆子，而月亮则只有针尖那么大。月亮虽小，但它距离地球非常近，比太阳距离地球要近得多，因此它对地球的引力是非常大的。

如果地球上全是岩石，那么月亮对地球的吸引就微不足道了。然而地球上四分之三的面积被海洋覆盖，这样，当月亮经过海洋上空时，海水便会随着月亮的移动而发生潮起潮落。

人们用“潮汐”来形容海水的运动。每当皓月当空的时候，海潮便会朝着一个方向奔涌而来，一旦冲入海湾或港口，它便会以万马奔腾的气势在岸边激起数十英尺高的巨浪。而当月亮与太阳位于同一个方向时，它们对海水的共同吸引便会引起更大的潮汐。

地球的表面被一层大约480千米厚的氮气和氧气所覆盖，这就是大气层。大气层就像橘子皮，而地球则像橘子肉，它们紧密地联系在一起，一齐转动。

大气层、地球表面和海洋结合在一起，就像一座巨大的实验室，干旱、雷电和暴风等各种各样的气候现象都在这一区域不断地发生，影响着人类的生活。

地球上的气候主要受3个要素影响，它们是土壤的温度、盛行风①和空气的湿度。

---

①盛行风：指一个地区在某段时间内出现频率最高的风或风向，因此又称“最多风向”。

风对人类文明的影响举足轻重，若不是热带海洋刮来的信风，美洲大陆被发现恐怕就要等到蒸汽船发明之后了。如果没有从海洋上吹过来的这股湿润的和风，美洲的加利福尼亚和欧洲的地中海沿岸也绝不会像现在这样繁荣。

当然还有那些跟着大风一起来的飞沙走石，经过长时间的磨砺，它们甚至能将最陡峭的山峰夷为平地。

风到底是什么？它是一阵迂回前行的气流。那么，气流为什么会迂回前行？因为热空气比冷空气轻，因此热空气便会上升，而热空气上升之后，在它的下方会产生一个真空[1]地带。正如古希腊人所说的“大自然不允许产生真空”，因而较冷的空气便会来弥补热空气上升造成的真空带，于是空气便开始流动起来了。

为什么空气会有冷有热呢？这都是太阳的作用。如果我们想让寒冷的房间暖和起来，只要在屋中生起火炉就行了。在宇宙中，太阳就像一个大火炉，而行星就像要取暖的房间。离太阳近的地方空气温度高，如地球的赤道附近；离太阳远的地方空气温度低，如地球的两极地区。

太阳的光照使空气变热变轻，热空气不断向上升，一直升到大气层中。但是那里的温度太低了，空气在那里变冷变重，于是重新回到地面。

空气返回地面的时候，离地面越近，也就越容易被太阳晒热。于是下降到地面的空气再次变热变轻，不得不再一次升上高空。空气就是这样一次一次地循环着，直到太阳落山。

在夜里，没有太阳的光照，地球为什么没有变得寒冷呢？这

---

[1] 真空：一种不存在任何物质的空间状态，是一种物理现象。

是因为大地在白天吸收了太阳的热量，到了晚上，再把热量释放出来，调节了夜晚的温度。

地球上的土壤、岩石、树木及水，都能吸收热量和散发热量。只不过它们中有的吸热快，散热也快，比如沙子，而有的正好相反，比如水。因此在黑夜来临之后，白天曾酷热难耐的沙漠往往会变得非常寒冷，而在水汽充沛的森林中则仍然温暖舒适。

看到这里，喜欢思考的朋友肯定会有一个疑问，如果离太阳越近温度越高，那么大气层不是比地面离太阳更近吗？可为什么那里的温度要比地面低呢？答案是，大气层的热量来自地表，地表储存了吸收到的太阳热量，然后再慢慢地散发出来。所以高山顶上的积雪千年不化，只因那里离地面太远，获得来自地表的热量很少。

在空气组成的大气层中，空气并不是“空”的，里面有许多东西，并且这些东西的重量还很大，它们一层接一层，处于最下层的被上面许多层重压，都快要难堪重负了。如果人们不时时刻刻呼吸，让身体内也充满空气，使身体内外保持平衡，那么我们一定会被大气压得像一片树叶一样。

17世纪的科学家托里拆利是伽利略的学生，托里拆利发明了一种叫作气压表的仪器，可以让人们随时随地测量出空气压力。后来，人们用气压表做了各式各样的实验，结果人们发现了一个规律，即高度每上升100米，气压便会下降1000帕。

一些物理学家和地理学家猜测，气压的高低是不是跟信风的方向也有什么关系呢？于是他们便开始埋头研究，甚至用了几百年来搜集数据、寻找规律。

他们最终得到了一个结论：地球上不同的地方气压也不同，风总是从气压高的地方吹向气压低的地方，风的速度和强度取决于两地之间的气压差。

现在你应该明白为什么会出现暴风、飓风和龙卷风了吧，就是因为高气压地区的气压太高，而低气压地区的气压又太低了。

风使空气不停地流动，使人们总能呼吸到新鲜的空气，但这并不是风唯一的好处。风还能带来降雨，而水则是地球上生命的源泉。

地球上的水资源分布极不均匀。海洋、内陆湖泊和内陆冰原的水量非常大，当空气上升的时候，恰巧水受热形成的水蒸气也在上升，这时候，空气和水蒸气融合在一起向大气层上方移动，当空气在高空冷却后，水蒸气也随之凝结成水，以雨、雪、雹等形态重新落回地球表面。

风与降水的关系就是这样紧密。如果有一道高大的山脉阻隔了海洋与内陆，那么大陆的沿海地区便会湿润多雨。因为高山的气压低，从海洋来的潮湿空气遇到高山会被迫升高，升高后的潮湿空气就会变成降水，洒落地面。即使有风可以越过高山吹到内陆，那时的风也已经没有一丝水分，而成为干巴巴的风了。

地球的赤道地区每年的降雨量稳定而又丰沛，这其中的缘故显而易见。因为赤道地区有足够的热量使空气上升，而水蒸气遇冷又会凝结成降水。由于地球的自转轴是倾斜的，因此太阳不会永远直射着地球。

假如风是从寒冷的地方向温暖的地方吹，那么它就会吸收大量的水分，水蒸气当然也不会遇冷变成雨。被这种风控制的地区很难下雨，因此常常会变成干燥的沙漠。

地球本身有着无数的秘密等待人们去解开。比如，地球表面是否坚不可摧？科学告诉我们，地球表面的岩石实际上很脆弱，水滴可以穿石，风雨的侵蚀可以将一座高山夷为平地。如果有足够长的时间，比如1.16亿年，喜马拉雅山这样的高山就会被风吹得无影无踪。

如果有兴趣的话，你可以做一个小实验：将六七张干净的手绢叠放在一起，把它们平整地放在桌面上，然后用手从两边向中间推它们。这时你会发现，这叠原本平整的手绢上出现了许多褶皱，凸起的地方就像山峰，凹陷的地方就像峡谷，有的地方则层层叠叠，像丘陵一样。

其实地球的表面——地壳，与地球一起在太空中高速旋转着，热量在旋转的过程中不断散发。失去热量的地壳会慢慢地产生褶皱变形，就像那一叠被挤在一起的手绢一样。

现在，最为大多数人所认可的一种猜测是，地球的表面在不断地皱缩，现在地球的直径已经比地球形成之初缩小了48千米。

48千米与地球的直径比起来似乎微不足道，但我们必须清楚的一点是，地球是一个球体，它的表面积是1.9695亿平方千米。如果地球的直径哪怕只是忽然缩小了几米，那么在地表上势必会引发一场巨大的灾难。

所幸的是，大自然的性格还算温和，地球的变化是在漫长的岁月中一点点发生的，地球表面的世界也能一直保持着相对平衡。如果大自然需要让一片海洋干涸，那么她会在另外一个地方弄出一片新的海洋；如果她要削平一座高山，那么她会在别的地方打造一座新的高山。

与数千万年的地壳演变进程比起来，人类的生命不值一提，人类也无法亲身体会这一奇迹发生的过程，所有这些，不过都是我们一厢情愿的猜测罢了。

现在性格温和的大自然，对人类的侵扰渐渐难以抵挡。人类发明了各种机械和炸药，他们能使地表在瞬间发生翻天覆地的变化。同时人类对木材的贪婪，造成森林和灌木正以惊人的速度从地球表面消失，青翠的山峦转眼间就变成了荒芜的丘陵。

森林消失之后，植被也渐渐退去，岩石表面的土壤不再牢固，落到地面的雨水很容易形成洪流，从山顶一直冲向山谷，并带走上面的一切，灾难降临了……

这算不算是危言耸听？当然不是。我们不必亲自前往冰河时代，目睹神秘力量在北欧和北美大陆上铺下的层层冰雪，以及它在群山中造就的座座断崖。我们只需要回想一下罗马时代的拓荒者们，看看他们是如何摧毁自然环境，如何彻底地改变了半岛的气候，而做到这一切只不过用了不到五代人的时间。勤劳善良的印第安人几千年来一直耕耘着南美洲肥沃的土地，但是自从西班牙人来到这片土地之后，他们不仅蹂躏了印第安人，更把这片土地糟蹋得面目全非。

侵略者们奴役土著居民的办法非常简单有效，那就是断绝他们的食物来源。美国政府杀死了大量的野牛，那些印第安勇士即使再勇猛，又能如何应对呢？他们渐渐变得懒惰、肮脏，在政府为他们划定的保留地上居住。美国政府愚蠢、残酷的行为难道就不会付出代价吗？北美大平原和安第斯山脉的现状就是对这个问题最好的回答。

土地是人类赖以生存的基础，也是地球上最为重要的资源。因此，各国都不会容忍对土地的无耻侵害行为。人类还不能阻止地壳运动，但我们至少可以多创造出一些绿地和森林，善待养育我们的这片土地。

讲完陆地，我们再来说说海洋。地球上四分之三的面积被海洋覆盖着。海洋最浅处只有0.6米，而最深的地方却深达1万余米，位于菲律宾以东的太平洋上。

太平洋是世界上最辽阔的大洋，它的面积有18134万平方千米，紧随其后的是7676万平方千米的大西洋，最后是印度洋，它的面积有7412万平方千米。

除了这三大洋以外，地球上的内陆海的面积约为5160万平方千米，河流、湖泊的总面积达2590万平方千米。面对如此浩瀚的海洋，人类的确只能望洋兴叹。除非我们能长出鳃，否则绝对无法再回到水中生活。

而陆地也并非处处适宜人们居住，陆地上有1295万平方千米的沙漠和4921万平方千米的荒漠，还有大片地区要么像喜马拉雅山一样位于高海拔地区，要么像南极一样温度太低，要么像南美洲的雨林那样湿度太高，要么像非洲中部那样森林过于茂密。

对于这些土地，人类很难加以开发利用，如果大自然能够多赐予我们一些土地的话，我们一定会倍加珍惜。

要不，我们将海洋重新变成陆地？但是，这里有一个问题非常严重：海洋并非可有可无，它就像一个巨大的蓄电池一样，储存着太阳的能量。

地质考古学家经过研究发现，远古时代地球上的陆地面积非常大，海洋的面积要比现在小得多，而当时的气候则非常寒冷。今天地球上的陆地与海洋的面积比例是1∶4，这是个最佳比例。只要陆地和海洋能够一直保持这个比例不变，地球上的气候就能长久地维持下去，人类也就能够继续在地球上安居了。

太阳和月亮的引力将海面抬高，升高的海水中的一部分变成了水蒸气，两极的低温则将这部分水蒸气变成了冰。在这个过程中，风起到了关键的作用。风不仅影响着陆地的气候，它对海洋的影响也极为深远。

当一阵风长年累月地在海洋表面上吹动，那里的海水就会顺着风的方向流动。如果有几股风从不同方向一起刮起来，这时水流也会互相抵消。如果风总是朝一个方向吹，例如赤道两边的风，它们所产生的水流便会形成海流。

海流对人类有什么意义呢？首先我们介绍一下日本海流，它是太平洋上最重要的海流之一，是一股从北向东吹的信风，造就了这股太平洋上鼎鼎大名的海流。流过日本海之后，日本海流横跨北太平洋，向东为阿拉斯加送去温暖，随后它又掉头南下，将加利福尼亚的气候调节得非常舒适。

还有一股墨西哥湾流，它大约有80千米长，609米深。在很长一段时间里，这股海流不仅为北欧带去了墨西哥湾的温暖，而且它所带来的渔业资源，还为英格兰、爱尔兰等所有北海国家带去了繁荣和富庶。

墨西哥湾流有一段传奇经历，它的源头是北大西洋涡流，那是一个巨大的旋涡，在大西洋的中心不停地旋转。无数小鱼和浮游生物被卷入旋涡的中心，那里就像是一片藻海。

中世纪时，水手们纷纷传说，只要船只被信风吹入这片藻海，生还的希望便非常渺茫了。船只会迷失方向，水手们都会被渴死。万里晴空下，死气沉沉的船只永远在海面上往来漂浮，就像是一个对亵渎神灵者的警告一样。自从哥伦布的船队安全穿越这片幽灵般的藻海后，这个传说才渐渐平息下去。

北大西洋涡流的一部分来到加勒比海，另一股从非洲海岸西行的海流也同时到达。加勒比海容纳不了如此多的海水，于是两股海流合为一处又奔向了墨西哥湾。

墨西哥湾也无法容纳这么多的海水，于是它把佛罗里达和古巴之间喇叭状的海峡当成了喷头，将这股海流以更高的速度喷射出去。

这股被喷射出去的暖流便是大名鼎鼎的墨西哥湾流，它的速度高达每小时8千米，难怪古代的航海者们宁愿绕远，也不肯在这里逆水行舟。

墨西哥湾流从墨西哥湾出发，一路向北，沿美国东海岸前进，遇到阻碍后掉头向东，在纽芬兰附近与拉布拉多海流交汇。墨西哥湾以温暖闻名天下，而拉布拉多海流则起源于格陵兰岛上的冰山，水温低得惊人。它们的相遇会让海面上产生浓雾，而这片海域又漂浮着众多的冰山，可以想象，在航运史上这片海域是多么令人生畏！

众多的冰山被两股海流卷入一个巨大的涡流当中，它们在海面上一边旋转一边融化。这些正在融化的冰山都是些极其危险的“家伙”，人们往往只能看到漂浮在海面上的一部分冰山，无法看到隐藏在海面下的冰山底部。冰山底部异常坚硬锋利，它们就像狼牙一样，能轻而易举地划开船只的铁壳。

如今，这片海域已经成为航运禁地，各国船只都绕道航行。只有美国巡逻队经常出现在这里，他们负责炸毁小冰山，还负责向过往船只发出大冰山的位置警告。

这里的危险自然不在话下，但这里却是渔夫的天堂。北冰洋的鱼群已经习惯了冰冷的拉布拉多海流，它们在这里忽然遇到了温暖的墨西哥湾流，一时间变得不知所措了。是掉头回北极呢，还是在此地继续逗留呢？还没等鱼群做出决定，法国渔夫们早就将它们收入网中了。

这些法国渔夫的祖先早就光顾过的美洲大浅滩，经过几百年之后才有人陆续前来。200年前，法兰西帝国占领了北美洲的大片土地。离加拿大不远的两座小岛——圣皮埃尔岛和密克隆岛至今仍是法国的领土。人们公认哥伦布发现了美洲大陆，然而在哥伦布出生前150年，法国渔夫们就曾光顾过美洲海岸。

墨西哥湾流经过这里后，继续北上，它从容地跨越大西洋，在西欧海岸呈扇形散开，一直冲上西班牙、葡萄牙、法国、英国、爱尔兰、荷兰、比利时、丹麦和斯堪的纳维亚半岛的海滩，为这些地方送去了温暖宜人的气候。

经过一番跋涉之后，这股神奇的海流便带着大量的海水注入北冰洋。这些海水的水量比世界上所有河流的水量之和还要多，以至于北冰洋也无法容纳，于是北冰洋不得不倾倒出自己的海流——格陵兰海流来接纳它。要知道，拉布拉多海流就是发源于格陵兰海流。

这真是一个非常有趣的故事！

你天生就会算术

[加拿大] 杰·英格拉姆

美国骨顶鸡[1]通体黑色，常常偷偷地躲在沼泽里，除了赏鸟人士外，它们并不会引起寻常人的注意。但是，赏鸟人士也往往只对它们略看一眼，而不会发出“啊、哇”之类的赞叹声。他们在笔记本上匆匆地勾一下，就去寻找下一个目标了。

不过，骨顶鸡有一种超乎寻常的本领，这种本领在别的动物身上很少见，即使有，也很难像骨顶鸡表现得这么明显。它的本领就是——会数数！

生存竞争

母骨顶鸡会数数，是进化的压力导致的。通常情况下，母骨顶鸡每窝会下8只蛋。但是，为了在生存竞争中占据优势，只下这些蛋明显是不够的。因此，有的母骨顶鸡会在强烈欲望的驱使下，偷偷地往别的鸟巢里多下几只蛋。不过这里说的多下几只，有可能是低

---

[1] 骨顶鸡：属鹤形目秧鸡科的鸟类，喜欢在开阔的水面上游泳。这种鸟羽毛灰黑，长着白色额甲，常在稻田里的秧丛中和谷茬上筑巢栖息。

估的数据。

美国加州大学的莱昂教授发现，加拿大英属哥伦比亚地区的骨顶鸡，其巢穴里除了它们自己下的8只蛋以外，平均还有3只蛋是别的骨顶鸡偷偷下的。这可能会让一些人联想到有相似行为的燕八哥[1]——燕八哥总是把蛋下在其他鸟的巢穴里。

不过，燕八哥和骨顶鸡的区别在于：骨顶鸡筑巢，而燕八哥几乎不筑巢，专门掠夺别的物种。骨顶鸡往别处下蛋的行为，影响的只是其他的骨顶鸡。似乎谁的蛋下的多，谁就越在生存竞争中占有优势，更有机会将自己的基因遗传下去。

可实际上，这里面的事情有点复杂，并不只是多下蛋的问题，因为多下的蛋还要由别的骨顶鸡孵出来才管用。要达到这个目的，就要求那只被寄蛋的骨顶鸡接受这只蛋，并视如己出，一心一意地孵它才行。

对于被寄蛋的骨顶鸡来说，孵其他鸟下的蛋是很不利的，况且它也不想替别的鸟孵蛋。要知道，野生动物的生存很艰难，它们通常只顾得上抚育自己的后代。

据莱昂统计，每窝孵出来的小骨顶鸡中，只有半数左右能存活下来。因此，如果替别的骨顶鸡抚养一只后代，那么抚养者所生的后代就会减少一只。为此，骨顶鸡进化出一种相应的本领——找出不是自己下的蛋，然后进行捣毁。

这种事听起来简单，可做起来就没那么容易了。要知道，骨顶鸡的蛋看起来几乎一模一样。虽然每窝蛋的颜色略有差别，蛋上黑点的分布也稍有不同，但要认出哪个是自己下的蛋，还得非常精明

1 燕八哥：学名叫“北椋鸟”，是一种体型较小的候鸟。这种鸟背部深色，腹部白色，叫声变化多端，善于模仿。

才行。

母骨顶鸡看来有这种本事——能认出哪只蛋不是自己下的，并把它推出巢去。但是，并非所有的母骨顶鸡都能辨认出外来的蛋。有些鸟会把可疑的蛋放在孵化区的边缘，人们将这种鸟叫作“接受者”。

莱昂认为，或许是可疑的蛋和自己下的蛋太像了，所以有的母骨顶鸡难以分辨，如果把可疑的蛋推出巢穴，就有杀死自己孩子的风险。所以，母骨顶鸡就把它放在孵化区的边缘，让它也能孵化，只是要比确认是自己亲生的晚些孵出。假如这只蛋果真是自己的，那它仍可能存活，只是生存的概率稍稍低一些。

在这个研究中，最有趣的就是母骨顶鸡控制下蛋数量的办法。它会预算出巢穴里能摆放多少只蛋，如果下的数量差不多了，它就不再下蛋。

那些“接受者”——能容忍其他鸟在自己巢穴里下蛋的母骨顶鸡，会较早地停止下蛋，以保证巢穴能容下所有的蛋。但是那些“拒绝者”——会把外来的蛋推出巢穴的母骨顶鸡，其做法却有所不同。它们会拼命地下蛋，几乎要把巢穴堆满了，好把外来的蛋一脚踢走。

为了达到目的，“拒绝者”必须知道自己下了多少蛋，也要算出外来蛋的数量，然后尽力下出最多的蛋。

不过，整个事件其实更加复杂。因为母骨顶鸡下蛋不能像关水龙头那样立即打住，它从决定停止下蛋，到真正停下来，要过4天左右的时间。所以，如果它决定只下8只蛋，那么在下第三只或第四只蛋的时候，它就要关闭排卵系统，因为这时候，其余的4只蛋已经在路上了。

这个事例说明，母骨顶鸡是会计数的，它最少能数到4，而且可能更多。

乌鸦、鸽子、浣熊都会数数

读到这里你可能会问，骨顶鸡会不会计数，和我们接触到的科学又有什么关系呢？别着急，请随我来，让我比较一下骨顶鸡以及别的鸟类和动物。

我从戴哈奈所写的《数学感》中知道，以前在自然学家之间流传着这样一个故事：一只乌鸦在一个贵族庄园的高塔上筑了巢，整天聒噪不停。这个贵族很想开枪射死它，可是，只要他来到塔顶上，乌鸦就会飞到枪的射程以外，远远地等他离开。当他一走下高塔，乌鸦就飞回巢里了。

贵族没有办法，只好请邻居帮忙。他和一个邻居一起走进高塔，不久，邻居从高塔里出来了，而贵族仍然躲在塔里等着乌鸦。可乌鸦没有上当，硬是等到两人都离开了才回巢。

后来，贵族增加了进入高塔的人数来骗乌鸦，高塔里的人从3个，增加到4个，后来又变成了5个，然而乌鸦都没有上当。每一次，乌鸦都等高塔里的人都离开了才回巢。

最后一次，有6个人进入了高塔。当5个人陆陆续续离开后，乌鸦便飞回巢里，结果遭到了这个极有耐心的贵族的射杀。

如果骨顶鸡遇到这种事情，很可能不会遭到射杀。这种说法是有实验为证的。其中一个证据是，很多鸟类和动物其实都会数数，尽管我们总是认为它们很笨。不过，它们能计算的数字很有限，比如故事里的乌鸦，如果它真能准确地算到5，那它就算得上是极其了不起的鸟了。

做动物实验是非常直接的。鸽子就是理想的实验对象，它们能轻松地学会啄按钮来取得食物。当它们掌握这种技巧后，我们就可以教会它们啄3下、5下，甚至24下取得食物。此外，鸽子还有分辨数字的能力。

鸽子可以学会啄45下某个按钮就能获得食物，而另一个按钮却要啄50下才行。然后，我们让鸽子站在3个按钮面前，左边是要啄45下的按钮，右边是要啄50下的按钮，而中间还有一个按钮。

如果鸽子啄到中间的按钮，灯就会亮起来；如果啄到45下或50下的按钮，灯就会熄灭。为了获得食物，鸽子要在啄45下或50下的时候，再啄一下适当的按钮。这听起来很难，但受过训练的鸽子都能做到。

通过其他的实验可知：浣熊能学会挑出装有3粒葡萄的盒子（最多3粒），鸟能挑出第5粒种子。而老鼠那小小的脑袋里甚至可能有某种抽象的数字，它们竟知道灯光闪两下和听到两次声响的数量是一致的，然后会按下正确的按钮。另外，一旦老鼠学会在闪过两次灯光及听到两次声响之后触动按钮，那么当它看到一次灯光、听到一次声响之后，也会触动同一个按钮。

上面谈论的这些动物，并不像猿猴或海豚那样相当有智慧，而是一些脑袋小得像鸟一样的动物，可是它们看起来确实有一些数字概念。

婴儿天生会数数

那么，人类的智慧又是怎样的呢？很早以前，一些人提出了婴儿具有某些数字能力的想法，但始终没有受到认真对待，甚至可以说没有人理会。

人们做了很多实验，证明数字的学习对于人类来说是循序渐进、耗时耗力的过程。可是到了20世纪80年代，这种观点发生了改变。美国宾夕法尼亚大学的心理学家斯塔基主持的一个实验，第一次让我们知道，就算非常小的婴儿也会计数。

因为我们无法问出婴儿在想什么，所以整个实验的设计就得极其巧妙。斯塔基是利用婴儿的好奇心做的实验。婴儿会注意他们感到好奇的东西，只要没有看够，他们就会一直盯着看。当他们感到厌烦了，才会把注意力分散到别的事物上。

斯塔基找来一些16～30周大的婴儿，让他们坐在家长的腿上观看银屏。他在银屏上播放了一连串有黑点的幻灯片，同时录下了婴儿看幻灯片时的场景。

他发现，当婴儿看到一系列有2个黑点的幻灯片时，凝视幻灯片的时间会越来越短。然而当婴儿看到有3个黑点的幻灯片时，凝视幻灯片的时间就变长了，会由原来的1.9秒变成2.5秒。

斯塔基又找来更小，甚至刚出生几天的婴儿来做同样的实验，并且幻灯片上的图像更丰富了，不仅有黑点，还有其他的实物。这些实物的图片只有数量对比的变化。和上一次实验一样，当实物的数量发生变化时，婴儿看幻灯片的时间会有所延长。

另外，还有两种实验能研究出婴儿对数字知道些什么，斯塔基也参与了这两种实验。实验者让婴儿坐在2台幻灯机前面，其中一个播放2个物体，而另一个播放3个物体。在两个银屏中间有个喇叭，发出敲鼓的声音。

他们发现，当婴儿坐好后，如果喇叭里传来2声鼓响，婴儿看2个物体的幻灯片就会久一些；如果喇叭里传来3声鼓响，婴儿看3个物体的幻灯片的时间会更长。

斯塔基他们认为，婴儿会把听到的鼓声和看到的物体数量结合起来，这表明婴儿有抽象的数字能力。对于婴儿来说，无论是鼓声还是银屏上的物体，2就是2，意义是一样的。

婴儿还会加减法

关于生物计数能力的第三类实验，结果更有戏剧性。耶鲁大学的温恩于1992年首次完成了这个实验，她采用的办法仍然是观察婴儿注意力集中的时间，以此判断婴儿是否了解数字的含义。不过，她的实验目的更加复杂些，她不仅想知道婴儿是不是了解数字，还想知道他们是否会处理数字，比如将数字加起来或者减掉。

她从一件众所周知的事情开始，那就是婴儿也会欣赏魔术。对于那些不可思议的事情，婴儿的反应非常强烈。比如，先给婴儿一个东西，再用垂下的布帘将这个东西盖住。当布帘缓缓升起的时候，如果这个东西不见了，婴儿会露出无法置信的表情。他们会专注地看着原来放东西的地方，等着它再次出现。

下面，我来详细说说这个实验。首先，让四五个月大的婴儿坐在木偶戏台前，然后当着他们的面，用一只手（实验者将身子藏了起来）将一只毛绒鼠放到了戏台上。

紧接着，实验者放下帷幕遮住了毛绒鼠。这时，那只手又出现了，再拿一只毛绒鼠放到帷幕后面（婴儿看不到帷幕后面的场景）。然后，让婴儿看到那只手空着离开了。

假如婴儿真的懂算术的话，那么他们会知道台上应该有两只毛绒鼠。但是当帷幕拉起来的时候，他们会看到台上只有一只毛绒鼠（另一只毛绒鼠被藏到了活动门里）。

这时，婴儿的表情会变得很惊奇，好像看到了什么不可思议的事情。他们会久久地盯着戏台，比出现预期的两只毛绒鼠看的时间更长，通常会长出1秒钟以上。

如果测试的是减法算错的情况，比如2－1=2，婴儿会露出更加惊奇的表情。

这类实验表明，婴儿和动物一样，天生就拥有简单的运算能力。温恩也曾用恒河猴来做这类实验，只是用茄子替代了毛绒鼠而已。不过，这两次实验的结果并不完全一致。

关于婴儿的数字实验，有些人认为，引起婴儿关注的也许并不是数字的变化，而是实验所使用的物体。假如幻灯片是白底上的几个黑点，那么，婴儿观看的或许只是黑点的整体，而不是它们的数量。或者，婴儿只对幻灯片的光亮感兴趣。如果幻灯片上的黑点变多了，那么光亮就会变得模糊不清。

有些人想得更多，他们认为，婴儿可能只注意到了幻灯片上景物的长度，也就是黑点四周的总长度。

此后，又有很多人做了大量实验，把温恩在实验中可能存在的瑕疵都列入考虑。

有个人在思考了温恩的实验之后，建议道：根据她的实验，可知婴儿看到一只毛绒鼠的时候，会比看到两只毛绒鼠的时候多。因为，实验总是从一只毛绒鼠开始，而结束的时候往往也只有一只毛绒鼠。所以他认为，参与实验的婴儿可能在复杂的变化中被弄得晕头转向，他们很可能只想多看点自己熟悉的场景，也就是只有一只毛绒鼠的时候。

而在1＋1＝1的实验中，或许婴儿只是希望多看到点东西，所以他们看到毛绒鼠还是一只时，会感到很惊讶。

为了反驳这种观点，温恩只让婴儿看到两种结果——1 + 1 = 2、1 + 1 = 3。假如婴儿只是希望多看到点东西，那么这两种结果对于他们来说是一样的。但事实上，他们显然对1 + 1 = 3这种不可能的情况更感兴趣。这次实验再次证明了婴儿有计数能力，他们能预测出应该出现的结果。

为了消除人们的疑问，温恩又设计了一个实验，这个实验的做法更加精巧——让婴儿观看一群黑点的移动。她认为，当一群黑点集体移动时，对于婴儿来说，可能是“一件”事情。

依据这种想法，她做了一个有8个黑点的道具。有些婴儿观看的是分成4群的黑点，每群里有2个黑点；有些婴儿观看的是分成2群的黑点，每群里有4个黑点。虽然黑点总数一样，但“事情”的数目有的是2，有的是4。

温恩发现，如果把两种影像交换一下，婴儿的兴趣就来了。由此可见，婴儿能辨认出不同数目的物体，就算组成这种物体的黑点数目不同也无妨。

我想，温恩的结论是正确的。虽然我不知道这次实验能不能改变人们的观点（要知道，绝大多数人都认为婴儿不会数数），但是在我看来，她的实验是非常有说服力的。

这些实验也制造了新的附加价值。有些科学家认为，婴儿拥有的这种计数能力应该是一种本能。在我们的大脑里，或许存在一种数字组件，就像一些人认为的大脑里存在着一种语言组件一样。在人类进化史上，这些组件出现的时间非常早，这可以从有些动物拥有和婴儿一样的计数能力上得知。有了这些数字组件，人类就可以运用很简单的数字了。

人类、鸽子大PK

要想知道鸽子和人类共同祖先的情况，我们就得回溯到远古的进化时期。我推测，鸽子和人类的共同祖先不但拥有简单的计数能力，而且连弱点也一样。

鸽子和人类都难以分辨出较大的数字和离得很近的数字。例如，假如有人让你以最快的速度说出一对数字中谁比较大，你会在分辨3与6的时候，比分辨33与36时快得多，而且数字分得越开越容易分辨。

那些能分辨出45和50的鸽子，在遇到49和50的时候，就会变得有些犹豫。这种数字能力的限制将伴随它们一生，就算经过长时间的训练，得到的改善仍然有限。

经研究发现，婴儿对于1、2、3这些数字很拿手，然而遇到再大的数字时就出现了困难。

成年人其实也差不多。让成年人辨认银屏上黑点的数量时，如果数量在3以下，那么人们的反应都非常快。然而一旦黑点的数量超过4，大家的反应时间就开始拉长。

我们来看看这组数字：在看3以下的数字时，人们平均的反应时间只有0.6秒；如果数量变成4，就需要0.8秒；如果变成5，就会超过1秒，同时出错的次数也增加了。

可能我们不该对此做出过多解读，我们之所以能轻松地处理1、2、3，或许是因为我们生来就拥有这3个简单数字的组件，而没有较大的数字组件。

我们对于数字的学习，还受到了文化的影响。戴哈奈和一些人就曾指出，世界上的几个计数系统，包括罗马数字在内，都对前3个数字做了直接的设计（Ⅰ、Ⅱ、Ⅲ）。但是从4（Ⅳ）以后，人们的想法就出现分歧了。

记得很久以前，我了解过某种远古文化的数字系统，这种数字系统只有4个数字——1、2、3和“很多”。我认为，这只是古人对于自己本能的数字组件发声而已。

现在，我们再谈谈“0”。它和我们熟悉的1、2、3离得很近，但人们并不认为它是一个单纯的数字，而只是用它表示“没有”。

温恩在对婴儿做加减法实验的时候，当她做到1－1＝1时（这时要把一只毛绒鼠悄悄地塞到戏台上），就会出现很奇怪的结果。那些婴儿看到戏台上仍然有一只毛绒鼠，脸上会露出一副理所应当的表情，似乎他们根本不认为结果会是“0”。

这种反应似乎有些怪异，不过我们要知道，“0”这个数字本身就很特殊，很不寻常，它在数学史上出现得非常晚。巴比伦人在使用1500年的数字以后，仍然没有想到要发明“0”这个数字。虽然后来有很多文化发展出了“0”这个数字，但它主要表示“没有”，而不是一个单纯的数字。

我不想对此做过多介绍，但是只要知道“0”在人类史上出现得如此晚，就会明白为什么孩童对它的了解会有延迟的表现了。在温恩所做的实验中，婴儿似乎不明白“0”的意义，那些年纪大点的孩童也不懂。对于学龄前的儿童来说，就算知道“0”代表“什么都没有”，但他们仍然认为“1”才是最小的数字。

现在的问题是，骨顶鸡会不会知道“0”也是一个数字？

独耳大鹿

[日本] 椋鸠十

太平洋上有一座孤零零的海岛，名叫屋久岛，归鹿儿岛县[1]管辖。海岛上，海拔千米以上的大山有30多座，直插云霄。山谷里大多荒无人烟。

在一座大山的半山腰，生长着一棵相传有2000多年树龄的杉树，人们将这棵巍然耸立的大杉树称作“屋久杉”。这棵树下，不管白天黑夜，总是暗淡无光，阴沉沉的。

居住在屋久岛上的吉助爷爷，是鹿儿岛县知名的猎鹿高手。去年12月初，我有幸接到了他的邀请信——他让我和他一起在岛上猎鹿。于是我告别了爸爸妈妈，乘车来到了屋久岛。

很快，吉助爷爷便带着我出发了。他牵着两只彪悍的猎犬，扛着一把半新的双筒猎枪，雄赳赳地在大杉树下行走着。冬天的大山静悄悄的、阴森森的，好像荒凉的坟地一样，我怎么也高兴不起来。

---

[1] 鹿儿岛县：日本九州最南端的县，拥有多姿多彩的自然风景及历史文化等观光资源，是日本为数不多的观光县之一，也是日本古代文化发源地之一。

“爷爷，咱们总是在这里转来转去的，能碰到鹿吗？”我嘟着嘴问。

“喔，那你了解捕鱼吗？捕鹿和捕鱼一样，必须选在猎物经常出没的地方。”

“可是咱们已经转了这么久了，连鹿的叫声还没听到呢！”我看着荒凉的四周，无奈地说。

“你想想看，如果有个朋友长年住在某个地方，从来没有搬过家。有一天，你去看望他的时候，他家刚好锁门了，家里一个人也没有，这也是时常会碰到的事情吧？”吉助爷爷拍了拍我的肩膀说，“放心吧，捕鹿这件事就包在我身上了，哈哈哈……”

过了七八分钟，爷爷笑逐颜开地指了指前方。我朝他指的方向一看，只见一棵杉树下有一小块洼地，那里似乎被什么动物踩得乱七八糟，泥泞不堪。

“爷爷，那里到底是怎么回事？”

“那里是鹿的澡堂子。”爷爷肯定地说。

“什么？澡堂子？”我好奇地瞪大了眼睛。

“所谓澡堂子，就是说鹿一旦觉得身上脏了，就会来到这儿翻啊滚啊，把身上的污垢蹭掉。你看那些新沙土，说明鹿刚刚离开这儿。”说完，爷爷吹了一声口哨。听到口哨声，两只猎犬一阵风似的冲到了洼地，一会儿用鼻子使劲闻闻地面，一会儿用爪子拼命地刨着新沙土。

突然，它们摇了摇尾巴，争先恐后地狂奔起来，一溜烟地消失在了对面的杉树林里。

“哎，快到这儿来！快！”吉助爷爷一边喊着，一边朝对面的杉树林里跑了过去。他爬上悬崖，又爬上一座不太高的山峰，然后拄着猎枪，站在那儿呼哧呼哧直喘粗气。

“这只鹿小子，来来回回都走一条道。刚才从洼地上跑走的鹿，肯定会回到这里。看，就是最右边的那棵白杉树那儿。”吉助爷爷指着一棵杉树说。

“那您能捉到它吗？”

吉助爷爷笑着说：“当然了，准能捉到，只要猎犬们尽力追赶！”说完，他竖着耳朵，仔细听着周围的动静。过了一会儿，他压低声音说：“听，猎犬叫着朝我们这边来了，千万别出声哦！”他叉开腿，端起猎枪，目不转睛地盯着前方。

“汪……汪汪……”猎犬的叫声越来越大。吉助爷爷激动起来，脸颊涨得通红，好像喝醉了酒似的。他紧紧抿着嘴唇，将右手食指紧扣在猎枪的扳机上，那副架势，好像猎物马上就会撞到他的枪口上。

“咦？见鬼！怎么会遇到那只独耳大鹿？”吉助爷爷吃惊地说。他的判断非常准确。在离那棵白杉树不远的山坡上，有一群受惊的鹿群在狂奔，似乎有十二三只。领头鹿身材高大，只剩下左边一只耳朵。

“果真是那只独耳大鹿！”吉助爷爷说，“这位独耳将军已经无数次从猎人的枪支下死里逃生，它非常了解猎人的行动，常常溜到猎人的背后悄然漏网。有个猎手告诉我，他曾在四五年前打飞了这只鹿的右耳。于是，这只独耳大鹿的名字在猎人中无人不晓。那个猎手希望同仁们能活捉这个家伙。从那以后，猎手们都在设法找到它。”

说完这段故事，吉助爷爷将拇指和食指弯曲着塞进口中，“呜呜”地吹起了口哨。不一会儿，对面的杉树林里也响起了悦耳的口哨声。

吉助爷爷三步并作两步，朝传来口哨声的方向跑了过去。没跑多远，就见对面的杉树林里也有人朝我们这边跑了过来。

来人个子不高，有点发胖。“喂，次郎吉，你看到了吗？”吉助爷爷大声问他。

“看到了！看到了！吉助君……”次郎吉也大声回应，“领头的那个家伙只有一只耳朵！”

“是啊，它确实是一只独耳大鹿！喂，你赶紧指挥猎犬，把鹿群赶到对面平坦些的山坡上，要让猎犬叫得大声点，这样我的两只猎犬就能闻声追过来了。现在独耳大鹿肯定在干谷一带，你去那边的大岩石上守候，我去那棵白杉树下埋伏起来，今天咱们一定要设法捉住它！”

次郎吉响亮地答道：“好，我这就过去！”他轻轻地吹了几声口哨，然后朝对面的杉树林里扔了一块石头。霎时，他的3只疯了般的猎犬便一边号叫着，一边飞奔而去。

现在虽然是严寒冬季，但吉助爷爷和我都跑得大汗淋漓。我们跑过荒凉的山坡，很快就跑到干谷附近的杉树下面。不久，山谷那边又传来了口哨声，吉助爷爷便用口哨声传达着口令：“次郎吉，我已经来到了指定地点。”

1小时过去了，2小时过去了，四周始终寂静无声，就连狗叫声都听不见了。突然，空中传来一声闷雷，紧接着哗啦啦地下起了瓢泼大雨。

狂风就像大海里的巨浪，不停地翻滚着，咆哮着，撼动着一望无际的杉树林。就在这时，狂风的咆哮声中突然传来微弱的狗叫声。

“咦，它们在哪里呢？”我踮起脚尖四处张望，但是怎么也看不到它们的位置。

次郎吉的口哨声又响了，我连忙跟在吉助爷爷的身后，朝次郎吉埋伏的地方跑了过去。只见次郎吉一边叽里呱啦地喊着，一边指着对面的那座山峰。

悬崖边上，那个被5只猎犬追得奋力逃命的鹿群正你拥我挤，乱作一团。独耳大鹿被挤在鹿群中间，似乎无计可施。突然，它从鹿群里挺身而出，低着头，不停地晃动两个硕大的犄角，想要把猎犬吓唬走。

“这次绝不能让它溜走了！猎犬已经堵住了鹿群的后路，现在该轮到我们显威风了！”吉助爷爷笑呵呵地说，他露出了雪白的牙齿，开心地哼着小调……突然，他停止了歌唱，他看到独耳大鹿敏捷地跳了起来，奋不顾身地冲向一只猎犬。刹那间，猎犬就被它用双角顶了起来。独耳大鹿将头一甩，猎犬就像一只棒球一样，被抛到了深邃无比的谷底。

吉助爷爷恼怒地说：“真是活见鬼！怎么会这样！快走，别磨磨蹭蹭的！”他一把拉起我的手，朝对面悬崖连滚带爬地跑了过去。次郎吉也跟了上来。

还没跑到一半，铺天盖地的暴雨就从我们头顶上浇了下来。狂风也跟着怒吼，用力摇撼着1000多米高的大山脉。密集而硕大的雨点无情地击打着大地，整个屋久岛似乎都开始颤抖了。

大雨劈头盖脸地打到我们的脸上、身上，我们连气都喘不过来，只能尝试着用嘴巴呼吸。

现在呼吸变得太艰难了，我们脸朝下地站着，吃力地换着气，可是这种姿势只能坚持一会儿。

大雨汇集成无数条瀑布，从山脉上奔流而下，犹如一道道迷人的白练，山脚下的草地瞬间被冲成了河床。

天空中，白云卷曲着，就像白色的棉花缠绕在高耸的树枝上；乌云翻滚着，犹如硕大的盖子，将树林笼罩得密不透风。震耳发聩的雷声呼啸而过，突然，仿佛落在了附近的一棵大杉树上，大杉树立即发出“吱嘎吱嘎”被劈倒在地的哀叫声。

我们不由得摸了摸自己的脑袋，如果我们躲在了那棵大杉树的下面，现在肯定被压成肉饼了；如果遭到了雷击，我们肯定会被烧成焦炭！

众所周知，就算在炎热的夏天，高山上依然寒冷如冬，况且现在正是冬天。我们浑身都被冬雨淋透了，冷风一吹，感觉整个身体都成了冰块。寒冷和恐惧让人直打哆嗦，就连牙齿也合不拢了。我们清楚地意识到：一定要尽快离开这里，否则就会变成没有生命的“冰人”！

这时，我已经累得没有力气了，就连动弹的劲儿也使不出来了，只能被吉助爷爷和次郎吉左右架着往前拖着步子。

我的眼皮已经抬不起来了，总想闭起来睡上一会儿，脑袋里也昏昏沉沉的。我想：“如果什么都不用做，在暖暖和和的被窝里一觉睡到明天早晨，那该多好啊！”

“不能睡，不然会冻死的！”吉助爷爷不分青红皂白，猛地打了我一拳，我被这一拳给打醒了。

我看到吉助爷爷和次郎吉并没有被恶劣的天气所吓倒，他们正一边一个架着我，摇摇晃晃地向前艰难地行走着。他们时不时地拍拍对方，互相鼓励一下，以驱赶困意。走在这寒风冷雨中，搞不好连命都得搭上。

“看，那边模模糊糊的，似乎有个山洞。”吉助爷爷指着前方，兴奋地说。

“啊，真是洞口，这可太好了！”次郎吉说。

他们的声音很轻很轻，听得出他们也疲惫到了极点。至于我们是怎样走进山洞的，我已经完全记不清了，只记得当我们好不容易走到洞口的时候，突然感到一股暖意飘了过来。我们好像抓住了救命稻草一样，连滚带爬地进入山洞里。

“嘿，这山洞居然被雾挡住了！”筋疲力尽的吉助爷爷刚说完，就一屁股坐在地上了。山洞外面，狂风仍在怒吼，暴雨仍然铺天盖地地下着；山洞里面，则寂静得出奇。过了一会儿，刚才还在呼啸的狂风暴雨刹那间停止了。

这鬼天气简直怪得离谱！我和次郎吉直愣愣地呆视了好一会儿。镇定下来后，我们才感到手脚冻得僵硬，浑身像中了风似的，难受得要命！

“快，把衣服脱下来，把水拧干，然后互相摩擦取暖。”还是吉助爷爷经验多，遇到问题时有办法。

我们拧干衣服，不停地互相搓着身子。但是这样只能保持一会儿温度，我们还是冻得直打哆嗦。

我越是清醒，就越感到寒冷。我想：“尽管躲进了山洞，但是我们仍然摆脱不了死亡的威胁。可是这样死掉太窝囊了，我不能这样死去！”

面对死亡的威胁，人活下去的念头会比往常更强烈。冻得瑟瑟发抖的我，环顾了一下洞内的四周，想找到什么救命的东西。他们也像我一样左顾右盼。

渐渐习惯昏暗光线的我们，突然发现了一幕意料之外的场景，我们都不由自主地恐惧起来。就在离我们不足1米远的地方，有30多只猴子和十五六只鹿聚集在一起。鹿互相紧挨着取暖，猴子则像人那样抱成了一团。

虽然我们3个不速之客闯进了山洞，但是它们并没有惊慌逃窜的迹象，更没有半点紧张不安的神情。它们毫不在乎，视若无睹，怡然自得，井然有序。

我曾在一本历险记上看到：蛇也好，野狗也好，老鼠也好，它们平时互相蔑视，互相打斗，然而天灾到来的时候，它们会打消隔阂互相帮助，一起渡过难关。由此可见，当共同面对危难的时候，动物都具有相互救济的特性。

刚看到鹿的时候，我们着实吃了一惊，悄悄地看着鹿的反应。望着鹿身上柔软的皮毛，鲜艳动人的肤色，一种要“活下去”的念头在我们心中油然而生。

我们不顾一切地冲进鹿群，把快要冻僵的身体紧紧地贴在它们身上……渐渐地，我们的身体又恢复了知觉。

鹿群并没有出现骚动。很快，一阵阵暖流就像强烈的高压电流，不仅刺激了我们的身体，而且还涌遍了我们全身。在鹿温热躯体的呵护下，我们拥有了死里逃生的希望。我们激动，我们喜悦，我们兴奋……我们像听着动听的音乐一样，渐渐地进入了沉睡的梦乡。

不知睡了多长时间，我们突然感到自己好像被扔出去了似的，一下子从梦中惊醒过来。我们不约而同地打了个大大的哈欠，伸了个长长的懒腰。这时，鹿群、猴群突然“刷”地一下站了起来，硕大而坚实的鹿角也晃动起来。

“到底发生了什么事？”我问。现在猎枪和衣服都堆放在山洞最里面的角落，我们手无寸铁，要是遭到了这么多鹿角的猛攻，那我们的生命又将难保了。

现在，我们只能听天由命了，我们干脆一动不动地躺在地上。然而，鹿群不仅没有进攻我们，反而用更加警惕的目光看着我们。过了一会儿，它们站成一列纵队，朝洞外走去，那些猴群则紧跟其后。

鹿群顺着山崖，排着队朝山下走去，走在最前头的正是那只独耳大鹿。

“看那儿，就是那个家伙，快看它的耳朵！”次郎吉嘀咕着，他拿起扔在山洞角落的枪，用枪托抵住肩膀，瞄准了独耳大鹿头部的中间位置。

“啊，别开枪！次郎吉先生！”我说，“你想想，如果今天不是独耳大鹿救了我们，我们还能有现在吗？”

吉助爷爷非常赞同我的意见，他微笑着点点头，轻轻地拍了拍次郎吉的枪杆。次郎吉面露愧色，他看了看我，悄悄地把猎枪收了起来。

不知不觉间，狂风暴雨停止了。太阳出来了，发出万道光芒。此时，独耳大鹿已带领鹿群来到了谷底。在太阳的照射下，鹿群的身体沐浴了一层金色的阳光。不一会儿，鹿群就消失在辽阔的杉树林里了……

海豹历险记

[法国] 黎达·迪尔迪科娃

从前，在冰雪覆盖的格陵兰岛，有一群海豹快乐地生活在那里。它们是北冰洋里最著名的种族，它们的祖先曾经统治过7个大海和2个大洋。

这群海豹有的已经年迈，有的正值壮年，有的还很年幼。那些才出生半个月的小海豹，全身都是微卷的白毛，它们只会吃奶和雪，看上去可爱极了。有些海豹年纪大了，身体肥胖，生着胡须，看上去一副困意未消的样子。还有些海豹妈妈在尽心尽力地照顾自己的孩子。至于那些年轻的海豹，它们身上的皮毛是灰蓝色的，就像美人鱼一样好看。

随着年龄的增长，有些老海豹的脊背上会长出很多深色的毛，就像倒下的竖琴一样。其他海豹看到这些老海豹，不由得对它们更敬重了。

格陵兰岛的这群海豹的首领叫达格，它是所有海豹中年龄最大、最聪明、身体最胖、毛最粗的一只。每当大家遇到危险时，它就会大声地发出警告。平时，它喜欢解决海豹之间的纠纷，也教年轻的海豹妈妈们如何照顾孩子。要是海豹群集体出动，它就会游在最前面。

达格虽然上了年纪，但它喜欢和小海豹们一起做游戏。小海豹们非常活泼，它们一边互相追逐，一边大声叫喊着，跳进水里捕捉猎物。

在所有的小海豹中，达格最喜欢曾孙史卡夫，因为史卡夫是一只机灵、勇敢的小海豹。每当捕鱼的时候，史卡夫总能躲过危险的角鲨。而每当其他小海豹遇到危险时，它都会奋不顾身地去救它们。

史卡夫长得很好看，它的皮毛在干燥的时候能看到灰色的斑点，腹部有一块月牙形的白毛。当它身上的毛被打湿后，看上去更蓝。还有它的眼睛，比北极的夜色还美。

史卡夫有4个好伙伴，它们分别是爱冒险的斯伦、擅长捕鱼的贝卡、会预报天气的卡拉和喜欢观察星象的奈葛里。

这几只小海豹中，除了史卡夫，斯伦的个头最小，也最机灵，它有丰富的关于水流的知识，喜欢带着小伙伴们去急流里做游戏。

贝卡会很快地潜入水底，寻找鳕鱼和鲱鱼群，它在水里吃鱼的时候，就像在玩掷球玩具一样。

卡拉总是能预知风暴，一到大雾或狂风天气，它就会在波浪和冰块的撞击声中玩耍。

而奈葛里喜欢在漫长的夜里仰望星空，欣赏美丽奇妙的极光，它的方向感很强。

地理学家将北极这一片布满浮冰的大洋叫“北冰洋”，可是海豹群却称它为“好海”。

好海的气候和其他地方不一样。这里一年中最热的时候是6～8月，仅有3个月，其余的季节都很寒冷。在最冷的时候，这里的气温能达到零下50℃，也只有海豹才能适应这样的低温环境。

在北极的夏天，有时3个月没有黑夜。半夜里，又大又红的太阳下降到地平线上，人们以为它很快会落下去，但不久它又会重新升起来。

到了9月初，北极的太阳好像感到疲倦了，开始落下去1小时，然后是2小时、3小时……到了11月，它要在上午11:00才升起，下午2:00落下去。渐渐地，它干脆不出现了，于是北极又有3个月都是黑夜，天空中只有月亮。

不过，在漫长的黑夜里，有时太阳会突然从地平线下射出一条条、一圈圈美丽的光线，这就是人们熟知的北极光。

等天气渐渐变暖、积雪消融的时候，那些大冰山的边缘也会裂开、脱落，随着流水漂浮到北冰洋。这时的北冰洋一反平日的死寂，充满了活力。它拍打出汹涌的大浪，发出恐怖的声音，带着各种形状的冰山向南流去。

当冬天过去一大半时，北极的漫漫长夜才刚刚结束，久违的太阳又重新升起。在一层厚厚的积雪下面，有些光滑的浮冰一直延伸到很远的地方。

在这段时间，海豹群能捕到很多鱼，它们把自己喂得胖胖的。年轻的海豹们在积雪上快乐地嬉戏着，它们大部分时间在水里度过。

史卡夫喜欢和小伙伴们做各种游戏，它们最喜欢玩一种叫“鲱鱼球”的游戏。玩游戏时，贝卡会将一条鲱鱼顶到半空中，然后其他小伙伴跳起来去抢那条鲱鱼。

有时，它们也喜欢玩“跳海豹”的游戏。第一只海豹先在水里游，另一只再追过去，从它身上跳过去，再向前游，直到第一只海豹追上去，然后跳过同伴的身体。此外，还有有趣的捉鱼比赛和抢鸟食游戏。史卡夫游得很快，它经常比小伙伴们先抓到鱼，因此常常在捉鱼比赛中获胜。而贝卡玩抢鸟食游戏自有妙招。当在水面飞翔的燕鸥准备吃水面上的鳕鱼时，贝卡会抢先吃掉鳕鱼，并把燕鸥抓住。

一般海豹的潜水纪录是20分钟，而史卡夫能潜水超过40分钟。每当它潜水时，会紧闭鼻孔，直到露出它可爱的面孔时，才张大鼻孔，深吸一口气，随即又潜入水中。

史卡夫喜欢和小伙伴们在大块的浮冰下潜游。它们需要换气时，就用头使劲地撞击冰块，用前爪把冰抓破。由于它们弄破了浮冰，这样很多小海豹就能安全地在浮冰下面潜游，不会被闷死。

有些年轻的海豹在潜游时，会睁大眼睛，闭着鼻孔，到有绿色海藻的深水区捉海虾，或者去暗礁的缝隙里吃海胆，甚至去海底沙滩捉贝类和海星吃。

它们成群结队地在水里做长途旅行，一路上欣赏奇异的美景，捕食可口的猎物。每当它们远行归来时，一路潜游在冰块之间，会激起快乐的浪花，引起骚动。

不过，幸福的日子总是很短暂，海豹群时刻面临着危险。4月的一天，有几头角鲨杀死了12只小海豹，还有几条箭鱼用锋利的上颚刺死了5只小海豹。有一次，由斯伦带领的一支探险队中了海象的埋伏，最后有9只小海豹死在海象的獠牙之下。

接连有兄弟姐妹被杀，史卡夫和伙伴们再也没有心思玩耍了，它们想给死去的兄弟姐妹们报仇，而海豹妈妈建议大家赶紧离开这片海洋。

气温骤降，年迈的达格一时也不知道该怎么作决定。因为就在几天前，这个海湾还没有结冰，可是现在，冰一直冻到了小岛的边缘。海豹群又要被困在浮冰下了。

不过，它们并不害怕，大家把那些通气的洞里的雪清除干净，还把其中的一些洞弄大了一点儿。在水平面以上的洞中，它们还刨掉一些冰，把洞做成能防止野兽攻击的隐蔽场所。

这天，有几只北极熊出现在冰面上，它们在海豹洞附近转悠了一会儿，就踏着辽阔的冰原向前走去。

海豹们躲在洞里，时刻保持警惕。有时，它们会爬到浮冰上来，但一发现有什么风吹草动，就会马上藏起来。

一天，史卡夫和几个伙伴又去浮冰上呼吸新鲜空气，突然，它们发现前方很远的地方有一个黑点，那个黑点离它们越来越近。很快，它们看见一辆由12只狗拉的雪橇，雪橇前面坐着一个人，后面还站着一个人。

史卡夫的伙伴马上钻进了洞里，只有史卡夫还站在自己的洞口，藏在一个有积雪的小坡后面。

12只狗停了下来，那两个人也下了雪橇。他们的肤色呈浅黄色，脸部很大，小小的眼睛带着蒙古褶。他们身穿厚厚的兽皮，一看装束就知道是因纽特人。

两个因纽特人放开一只狗，狗立即在冰上一边跑，一边用鼻子嗅着雪。突然，狗停在一个冰洞前不动了。那两个因纽特人马上跟了过来，守候在冰洞旁。其中一个大个子举起鱼叉，用力地朝洞口刺下去。很快，一只大海豹被他们拖了上来，只见它全身鲜血淋漓，不停地哀叫着。

小个子因纽特人马上拔出尖刀，猛地刺向那只大海豹的颈窝，大海豹马上断了气。

过了一会儿，他们开始解剖海豹的尸体，先把海豹皮剥下来，卷成一张毯子，然后把海豹的身体切成4大块，装进2个大袋子里。至于剩下的那些海豹肉，他们打算慷慨地留给燕鸥吃。

随后，两个因纽特人上了雪橇，一边赶路，一边唱着快乐的歌：

我冻得发抖，

他饿得不行，

多谢海豹朋友，

给我们热血。

如果不遇见你，

我早已葬身雪里。

你的肉能当点心，

你的油可以点灯，

你的皮可以做衣服、包小艇，

海豹呀海豹，

你真是我们的朋友！

看到两个因纽特人杀害自己的同伴，史卡夫吓得浑身发抖。它躲在一块大浮冰下，迅速向大家发出警报。幸好这一天再没有海豹死去。

之后的几周时间，冰原被浓雾笼罩着，那些猎杀海豹的人只好停止活动，海豹群因此过了一阵太平日子。

在这段平安时期，海豹群里又有36只小海豹出生了。海豹妈妈们小心翼翼地把海豹洞刨大，让那些刚出生的小家伙也能待在洞穴里面。

渐渐地，黑夜变短，气温回升，积雪消融，春风吹起来了。那些大浮冰慢慢裂开了，沉睡的海洋也慢慢苏醒，流冰在海流的冲击下发出震耳的声音，好像一块块大木筏一样。

从现在起，老海豹们可以放心地晒太阳了。很快，那些刚出生的小海豹就会断奶，它们原来那卷卷的白毛变成了灰色。它们生下来不到一个月就可以下水游泳了。

不过，灾难并没有远离海豹群，它们喜欢吃的鳕鱼已经离开了这一带海域，燕鸥也飞走了。

眼看着海豹群里的成年海豹一天天地消瘦下去，年轻的海豹们经常发生争斗，而小海豹们总是饿得大叫，大家只好离开浮冰，一起去找食物。

直到第三天早上，游在前面的贝卡终于给大家带来了好消息——前方有一大群鲑鱼。

果然，只见100000余条鲑鱼排着整齐的队伍向前游动，前方是大鱼，后面是小鱼。海豹群立刻冲上去攻击鲑鱼群的尾部。不过，鲑鱼群训练有素，每一次攻击到来时它们都会突然散开，然后整顿队伍，继续快速前进。海豹们只好紧追不舍。

到了第六天，鲑鱼群来到一个小海湾，那是一条大河的入海口。大河的两岸是一层层不太陡峭的岩石，上面有很多红脚海鸥。

鲑鱼群勇敢地逆流而上，当前面的大鲑鱼遇到急流时，它们马上把身体弯成弓形，尾巴贴着水面，一排排地跳过这个障碍。

海豹们可没有跳跃的本领，只好眼睁睁地看着鲑鱼群跑掉了。经过几天的追赶，海豹们已经非常疲惫了，于是停在一处小海湾的沙滩上休息。

有些成年的海豹们一路上已经吃了不少鲑鱼，本来它们应该好好地休息一会儿，但它们还想吃些贝类动物，有的甚至想爬到岩石壁上去吃海鸥蛋。

不幸就这样发生了。

有6个白种人手拿短棍，突然出现在岩石壁顶上。他们看见海豹后，马上用短棍打死了它们。有的海豹来不及逃走，被人们打得从岩石壁上滚落下去。

这时，达格发现一个白种人跑到海边，一边做着手势，一边大声叫喊。在小海湾北边的一块岩石旁，停着一艘轮船，船上有很多人在走动，船尾还插着一面瑞典国旗。

达格知道海豹群有危险，连忙命令大家撤离那里。等它们来到一处安全地带后，它马上对大家说：“‘好海’现在不安全了。这里有很多敌人，有角鲨、北极熊，还有可恶的因纽特人和白种人。我觉得我们应该离开这里，找一个更安全的地方生活。我记得我的奶奶曾经告诉我，每年浮冰解冻后，有一股向西的海流会冲走很多浮冰。如果我们沿着这股海流向前走，经过7座岛屿，到达有‘暴风圈’的地方就安全了……”

不等达格说完，卡拉就抢着说：“可是，只有最勇敢的海豹才能穿越‘暴风圈’。”

奈葛里也插话了：“我从星象中得知，‘暴风圈’那边确实宁静而美丽。”

斯伦也说：“我对那股海流很熟悉。”

达格爱怜地看着后辈们，说：“好孩子，你们都很聪明。你们一定可以找到那个远离危险的岛屿，平安地生活下去。我已经老了，不能给大家带路了。现在，我希望史卡夫能带领大家去寻找那个地方。要是你们愿意的话，就跟随它去吧！”

海豹群沉默了一会儿，很快爆发出欢呼声。大家在史卡夫的鼓励下，都决定一起去寻找理想的家园。

这年夏天，海豹群开始了长途旅行。奈葛里通过观察太阳，指示大家前进的方向。卡拉随时关注风向，而斯伦则在关注水的流速。

一天，海豹群发现前方有一座岛，岛上有一座大冰山。当时，冰山正在解冻，在海水里移动并裂开，发出震天的巨响。

海豹们在高高的冰山间游了近半个月，才跟着那股冲击浮冰的海流向北方游去。

在前进途中，大家还弄死了一只北极熊，这真是一次鼓舞士气的经历！那天，奈葛里正在一块浮冰旁晒太阳，一只北极熊突然出现在它眼前，用前爪将它拍进水里。北极熊也跟着钻进了水里。

不远处的史卡夫目睹北极熊欺负奈葛里的一幕，马上召集大家包围了北极熊，准备展开一场战斗 。

北极熊一到水里就处于劣势了，有好多次它想爬上冰块，但都被海豹们拉回水里。北极熊腹背受敌，走投无路，气得大声叫着。它在水里游得筋疲力尽，不能动弹了。于是，海豹们趁机咬它，揪它身上的毛，把它拖向海水深处，就这样将它淹死了。

北极熊死后，海豹群继续前进。不过奈葛里受了重伤，暂时不能游泳了，大家就分头坐在冰块上，划动着冰块，直到奈葛里的伤痊愈为止。

一路上，海豹群见过空中的海市蜃楼、日夜不落的太阳，还有很多奇特的动物。很快，它们游到了第一座大岛。岛上有松软的青苔和红色的地衣，还有驯鹿和麝牛[1]。

海豹们继续前进，到了第二座岛，那里有很多北极狐和狼。

---

1 麝牛：一种生活在加拿大北部、格陵兰和美国阿拉斯加的大型极地动物。麝牛在地球上已经生存了60万年，是冰川纪残留下来的古老生物。

第三座岛上有很多蚊子，海豹们不敢有片刻停留。

第四座岛上有很多旅鼠，那里能吃的东西已经被它们吃得精光了。

第五座岛上长着很多矮小的、开红色和黄色花朵的醋栗。

第六座岛上寸草不生，十分寒冷，海滩上积聚着一些船只的残骸。

夏天过去了。在天气变冷之前，海豹们终于到达了第七座岛。岛上有很多海鸥，它们可以预报暴风雨。

海豹群鼓起勇气，决定继续前进。当它们离开第七座岛后的第三天，史卡夫和贝卡远远地看见一头巨大的鲸，紧接着发现一艘大帆船在追赶鲸。

史卡夫带领大家小心翼翼地向前游去。突然，天空乌云密布，大帆船上突然放下一条小艇，上面坐着几个白种人，飞快地划着小艇向鲸追去。等他们快接近鲸时，就扔出一把锋利的鱼叉。

大鲸受到攻击，马上转身甩动尾巴，将小艇打得粉身碎骨，那几个白种人也掉进了海里。

这时，起风了，风力越来越大，大船被吹到浮冰群里，帆被吹破了，桅杆也倒了。海上波浪滔天，冰山互相碰撞，发出雷鸣般的巨响。最后，大船被浮冰撞成碎片，沉没在海底。

卡拉见天气越来越坏，不禁大声叫喊："有风暴，有风暴！"史卡夫则命令大家快速向前游。于是，海豹群在激烈晃动的大浮冰下向前潜游着。

到了傍晚，风力小了很多，海面上渐渐恢复了平静。海豹群终于能在碎裂的浮冰间自由活动，大家都松了一口气。

夕阳照在海面的浮冰上，折射出美丽的色彩，海面就像一座布满彩色宝石的废墟。海豹群已经游累了，它们躺在浮冰上顺水漂流，做着安详的美梦。

等海豹们一觉醒来，太阳已经钻进了云层。它们的前方出现一个大湖，湖心有一座小岛。大家看到小岛都惊呼起来，有的激动得流出了眼泪，有的兴奋地叫喊着。它们围着小岛一圈圈地游着，湖面上到处是欢乐的叫声。

小岛被平坦的沙滩和岩石包围着，显得静谧而美丽。那些岩石上生活着一些鸟和昆虫，经常发出声响。

整个小岛被积雪覆盖，上面生活着猫头鹰、鹧鸪、野兔，还有海鸥、燕鸥等动物。

在湖边的岩石下，生活着很多美丽的贝类动物。成群的鱼在湖里游动，水面上泛起一阵阵涟漪。

对于海豹群来说，这里真是幸福岛。它们在这座岛上安定下来，很快就适应了这里的环境。没过多久，它们又开始玩“鲱鱼球”的游戏。

史卡夫又发明了一些新的玩意儿，奈葛里依然对星象十分着迷。由于它们的生活无忧无虑，渐渐地，卡拉不再关注气象了，斯伦也不想再冒险了。

后来，达格因为年老和长途的奔波，安静地去世了。史卡夫成了海豹群的新首领。

按照海豹群的风俗，史卡夫和8只年轻的雌海豹结了婚，生了好多可爱的小海豹，并成了一位优秀的领袖。

野鸭一家

[法国] 黎达·迪尔迪科娃

野鸭娃娃出世了

“呷呷，呷呷！”在沼泽地深处的芦苇丛里，住着野鸭妈妈羽羽，她的宝宝就要出壳了。

在4月和煦的阳光下，8只野鸭蛋亮闪闪的，像8颗暗绿色的大珍珠。羽羽慈爱地望着8只漂亮的野鸭蛋，感到十分骄傲。

夜里，月亮又圆嘟嘟地出现在池塘的上空。羽羽记得，她开始孵蛋的那天晚上，月亮也是圆的。自从那天起，月亮变成了半月、弯月，到今天又圆了。她心里有数：她的小娃娃快要破壳而出了。

她小心地伏在这些心爱的蛋上，张开翅膀遮盖着它们，不让它们受凉。她心里美滋滋的，轻轻地叫了几声，就安静地睡熟了。

天刚亮时，羽羽觉得有什么东西在顶她。她连忙站起身来，低头一看：哎呀，窝里多了8张扁扁的小黄嘴。

在明媚的阳光下，小野鸭们的毛很快就变得毛茸茸的了，8对黑黑的小眼睛不停地东张西望，嘴里“啾啾”地叫着。叫得最响的那只是最后出壳的小野鸭，尾部还留着一块蛋壳。羽羽开心地和宝宝们打招呼："呷呷，呷呷。"

野鸭宝宝们用娇嫩的声音回应她："啾啾，啾啾。"

8个宝宝可占地方啦，一个本来挺大的窠突然显得太挤了。他们你推我、我推你，"啾啾"地叫着，想方设法从窠里走出去。野鸭妈妈想：真是一群淘气的小家伙，满身还只是胎毛呢，就想乱闯了！她拿出妈妈的架势说："你们太小了，应该待在家里晒晒太阳，让身体更结实。"

第一个白天在小野鸭们看来太漫长了。太阳终于落山了，夜幕降临，小野鸭们在妈妈的翅膀底下睡着了，只有最小的那个小家伙还不时发出细微的叫声。羽羽睡得很不踏实，她做了很多梦，梦见巨大的青蛙和树一般粗的水芹菜根……

出　巢

第二天一早，羽羽就被孩子们的叫声吵醒了。今天可是出巢的大日子啊！她郑重其事地走出巢外，小野鸭们急急忙忙地跟随着她。

羽羽说："呷呷，呷呷。跟着我，别走远！"说完，她摇摇摆摆地向芦苇丛外面走去。8个小家伙"啪嗒、啪嗒"地跟在后面，在泥浆里行走。

羽羽带领着孩子们朝一个小池塘走去。池塘四周环绕着一圈又高又密的芦苇，挡住了风，把这儿和沼泽地里的大池塘隔开了。

一只早起的鹬正在水面照镜子，她看见这个庞大的队伍立刻高喊起来："太儿，太儿！羽羽当妈妈啦！太儿，太儿！有了8个宝宝啦！"说完，她拉开长脚，起劲地沿着池塘跑起来，最后飞到空中，去池塘各处报道这一重大新闻。

羽羽的心里充满了自豪，冲鹬太太“呷呷”地叫着，表示感谢。等她低头才发现，小野鸭们已经走到了小池塘旁边。他们等不及妈妈发令，已经下水了。他们天生就会游泳，虽然他们昨天才出生，但今天已经会潜泳了，比走路还要稳。

小野鸭们在水里比在地上自在得多。在地面上，他们走起来摇摇摆摆的，走不快，还常常摔跤。可是到了水里呢，瞧吧，只要他们把脚向后面一划，身体就会流畅地向前游！

他们第一次下水，觉得一切都很新奇，不时把头浸在水里。啊，水下有绿色的水生植物、一团团青蛙卵、各种小鱼，真是太好玩了。他们拍打着水花，在小池塘里快活地游来游去。

“太儿，太儿！羽羽当妈妈啦！”鹬的叫声从远处隐隐约约地传了过来。

池塘里的庆祝会

“快来呀，羽羽有了8个小宝宝了！”鹬的叫声惊动了全池塘的居民。

青蛙们在泥泞的水中哭着说：“呱呱呱，呱呱呱，我们倒霉啦！从没见过像野鸭那样贪吃的家伙了！呱呱呱，呱呱呱……”

小鱼和小虾们根本顾不上哭。他们摇着尾巴，弓着身子，赶紧逃得远远的，想避开即将到来的大灾难。沼泽地里的各种飞禽正好相反，雁、琵嘴鸭、鹭、秧鸡，还有其他野鸭妈妈听到这个消息，都很高兴。所有的野鸭妈妈都结伴赶到小池塘来了。细腿的秧鸡第一个来了，他很胆小，只把脑袋伸出芦苇丛，对野鸭们说：“克里，克里，你们好啊。很可惜，我只能待一会儿……”

这时，小池塘里传来一阵用翅膀击水的声音，羽羽和孩子们回头一看，原来来了一只角鹏鹛。角鹏鹛“科尼，科尼”地叫着，昂着头向野鸭一家游来。小野鸭们好奇地看他的角毛和胡须，猜想他一定是这个沼泽地里的大人物。

琵嘴鸭叔叔也来了，他瓮声瓮气地说：“沃阿，沃阿，托克，托克。”

赤颈鸭叔叔也来了，他一边摇着他那美丽的栗红色脑袋，一边叫着：“维哦，维哦……”

接着，大雁也来了。羽羽连忙招呼孩子们：“呷呷，呷呷，乖宝宝们，快来迎接你们的大雁婆婆。”

小野鸭们很有礼貌地说：“呷呷，呷呷。”

大雁婆婆慈爱地说：“塔脱，塔脱，塔脱。”

这时，从天空中飞来一只美丽的鸟，正好落在羽羽身旁。这只鸟的羽毛是五颜六色的，他比羽羽稍微大一些。他的神情、嘴巴、眼睛都像羽羽，只不过他的头颈是耀眼的翠绿色。小野鸭们心想：“真奇怪，这好像是另一个妈妈！”

羽羽高兴地对孩子们说：“呷呷，呷呷，快看啊，这就是你们的爸爸啊……”

取名字

小野鸭们惊呆了。过了好一会儿，他们中胆子最大的一只鼓起勇气，游到野鸭爸爸跟前，快活地叫着：“呷呷，呷呷。”其他小家伙也学着他叫了起来。于是，他们纷纷游上前，把野鸭爸爸团团围住，用小脑袋蹭他的胸脯。

“好了……你们要乖些……”野鸭爸爸说，“爸爸还要跟叔叔们商量点事。”然后，他掉头对聚在小池塘里的飞禽们说：“瞧啊，他们已经会游泳、潜游、‘呷呷’叫了，真不愧是野鸭家族的后代啊！”

琵嘴鸭叔叔开心地说：“沃阿，沃阿……是的，真是一群可爱的小家伙！”

赤颈鸭叔叔也发表了意见：“维哦，维哦，他们是我们蹼脚一族的骄傲！”

野鸭爸爸又问：“你们同意把这片小池塘让给他们，作为游戏场吗？”

“同意，同意！”四周响起一片赞同声。只有骨顶鸡站在岸上，小声嘀咕着：“弗里兹，弗里兹……他们最好别出来，我可不想别人在家门口游泳。”

“太儿，太儿，小池塘就应该属于他们。”鹬太太的大嗓门把骨顶鸡尖细的声音盖住了。

野鸭爸爸高兴地说：“谢谢大家！现在该给他们取名字了。”

大家七嘴八舌地给小野鸭们取有趣的名字：胆子大的叫闹闹，爱睡觉的叫乖乖……最后出壳的那只叫贝壳。

野鸭爸爸又说：“呷呷，呷呷，孩子们，爸爸还有别的事，要走了。你们要听妈妈的话，我会再来看你们的。”说完，他就飞走了。

游览小池塘

从那以后，每天天一亮，野鸭妈妈就带着孩子们去小池塘游泳。“呷呷，呷呷，孩子们，抬起头来，把脚向后划，保持距离，好好儿地跟着妈妈，我们沿着小池塘的边沿游。你们瞧，岸边的这排植

物叫灯芯草，穿过它就能去大池塘，不过现在你们还不能去那儿。不过，遇到危险的时候，灯芯草丛是躲藏的好地方。好啦，现在我们来练习一下，当我喊着‘报警，报警’的时候，你们就赶快钻到灯芯草丛里，直到我叫你们才能出来，记住没有？”

小野鸭们听得很认真，跟着妈妈的口令做练习。妈妈潜水，他们也潜水；妈妈扯青草，他们也扯青草；妈妈梳理羽毛，他们也照做，只不过梳理的是毛茸茸的胎毛。

“孩子们，我们已经游到睡莲湾了。这个地方很安静，有很多小青蛙。等你们长大了，妈妈会教你们怎么捉青蛙。自己不要来哦，因为你们会在睡莲叶子中间迷路的。好啦，我们出去吧！”

日子一天天过去，小野鸭们渐渐长大了，他们很想到小溪中的礁石下去一探究竟，但是他们还不会飞，不能离家太远。他们每天都扇动着小翅膀，盼望着到更广阔的世界去。“呷呷，妈妈，要是能在空中飞，那该多有趣啊！”

羽羽低下头，用嘴巴抚摸着孩子们，说：“呷呷，呷呷，再等等，孩子们。你们的羽毛还没长齐，等你们能把翅膀张开时，就能飞起来了。”

“那得等到什么时候呀，妈妈？”一只小野鸭问。

野鸭妈妈回答说：“注意水芹的变化吧，当它开始开花的时候，就是你们飞行的时候。”

“妈妈，您怎么知道的啊？”

“是妈妈的妈妈教的呀。”羽羽耐心地回答孩子们。在我们人类看来，野鸭的语言非常简单，好像只有几个音节，但它们能表达好多好多意思，真是太奇妙了。

“呷呷，呷呷，”野鸭妈妈说，“我们野鸭家族有一种很古老的历书，上面说：有这么一天，所有的花儿都谢了，风儿吹皱池塘的水，沼泽地上白雾弥漫。野鸭们展开翅膀，与迁徙的鸟群一起飞到温暖的南方。”

小野鸭们张大嘴巴，眼睛闪着耀眼的光芒：“真美呀！妈妈太了不起了，什么都知道。”

从这一天起，每天清晨，小野鸭们一起床就游到水芹旁，去观察它的变化：水芹的羽状叶子已经从嫩绿变成深绿了，可还是连一个花骨朵也没有。

天气渐渐变热了，太阳在天空中驻足的时间更长了，这时的小池塘就像一个展示水生植物的花园：水边的玻璃草开着一串串蓝色的小花；稍远的沼泽地里，树上已经长满了新叶子。小池塘里又新添了许多水禽宝宝：安静的长尾凫生了10个宝宝，角鹏鹛也有了4个宝宝。

和刚孵出来时相比，小野鸭们已经长大了很多，翅膀也变得强壮了，但他们身上还有一些初生时的细毛没有褪去。

现在小野鸭们一个多月大了，在妈妈的教导下，他们已经懂得了小野鸭们应该掌握的一切知识。比如，他们能听出可疑的声音；能分辨猎人的脚步；遇到危险时会一下子躲到芦苇深处，消失得无影无踪。

因为有野鸭妈妈的保护，小野鸭们还没有遇到危险。虽然在他们小的时候，讨厌的水老鼠不止一次地追逐过他们，但每次野鸭妈妈都会及时赶到，赶走这个贪吃的坏家伙。

遭遇老鹰

可是，没过多久，小野鸭们遭遇了一次真正的危险。

那天，羽羽到偏远的池塘里去找野鸭爸爸了。临走时，她叮嘱孩子们：“呷呷，呷呷，你们千万小心呀，藏在灯芯草丛里不要出来，等妈妈回来。一定要乖乖听话啊！”

“呷呷，呷呷，妈妈，我们一定听话，您放心吧。”

可是，野鸭妈妈走后不久，小野鸭们就待不住了。闹闹带头游到池塘的另一边，去看望长尾凫阿姨新生的小宝宝们。他们快游到小池塘中间的时候，贝壳突然指着天空的一个黑点叫起来：“呷呷，快看呀，那是什么？”

小野鸭们抬头望去，只见天空的黑点正一边旋转，一边下降，越来越近了。

“那是一只鸟，不是我们一族的。”

“他下来了，下来了！现在能看清了，他的嘴巴怎么像钩子？”

“快看，他还生着大爪子，眼睛又圆又大，好可怕。”

“当心，这是妈妈讲过的敌人！”

“天哪，他就是老鹰，我们赶快躲起来吧。”

“不好啦！他朝乖乖冲过来了。”

“呷呷！呷呷！乖乖，当心，当心！”小野鸭们着急地喊着。

眨眼间，老鹰像一块石头那样直坠下来，重重地掠过乖乖停留的水面。可是乖乖突然不见了，老鹰扑了个空。老鹰飞向天空，又突然尖叫着，再次俯冲下来，扑向长尾凫的巢。一眨眼工夫，老鹰抓住了一只长尾凫宝宝，把他带走了。小野鸭们吓坏了，他们一直躲在灯芯草丛里，连家都不敢回。

傍晚时分，羽羽回来了。小野鸭们急忙出去迎接妈妈：“妈妈，妈妈，您不在的时候老鹰来过啦！”

“妈妈听长尾凫阿姨说了，老鹰抓走了她的一个小宝宝。咦？

乖乖呢？”

“妈妈，我在这里。”乖乖说着，从芦苇丛里探出头来，身上脏兮兮的。

“呷呷！乖乖，你吓死妈妈了。你怎么这么脏啊？满身是泥。”

“呷呷，呷呷，都是老鹰害的，妈妈。我看见他冲下来抓我，就赶紧钻进水里，然后从睡莲叶子底下潜游到芦苇丛里。哎哟！我躲在水里，大半个身体埋在烂泥里，只露出嘴巴呼吸，不敢吭声。”

野鸭妈妈心疼地看看乖乖，温柔地说：“呷呷，你真是个勇敢机智的孩子。”

小野鸭换新衣

夏天来临，小野鸭们的胃口越来越好了，他们常常刚吃过饭不久就又饿了，白天的大部分时间都用来找东西吃。独居在池塘一角的一只麻鸭惊奇不已，他高声叫道：“天哪，我这一辈子什么都见识过，可是像野鸭这样贪吃的家伙，我倒从没看到过！”

事实上，小野鸭们并不是贪吃，他们是在长身体呢。现在，闹闹的个头已经跟野鸭妈妈差不多高了。小野鸭们的羽毛也发生了变化：腹羽已经长好，背羽、尾羽也长出来了，翅膀变大了，翅膀尖的羽毛有了硬毛管。

“呷呷，孩子们，你们就快长大啦！”羽羽骄傲地说。

6月，黄蝴蝶花刚刚开放，小野鸭们就披上了新羽毛，像他们的妈妈一样，有了一身灰色和棕色相间的漂亮羽毛。从这时起，羽羽可以放心地让孩子们在野鸭池塘里随意游荡了。

小野鸭们在池塘里发现了一大片水芹，争先恐后地品尝着。他们从池塘中的礁石上翻滚下来，追逐睡莲间的鲤鱼，捉蝌蚪、蜻蜓、蚊虫和水蜘蛛。最美的是下雨天，池塘边会冒出很多蜗牛和蚯蚓，引他们去捉。

野鸭一家经常有很多朋友来拜访，有长尾凫一家、角鸊鷉一家、鹬一家，大家在一起戏水玩乐。

小鸊鷉们生得非常好看，脖子上有一圈斑纹。为了让孩子们尽快学会游泳，角鸊鷉爸爸常常让孩子们比赛，谁游得最快就奖给他一条鱼。小野鸭们也喜欢跟着他们一起游。要是孩子们游累了，角鸊鷉妈妈就会潜到水下，把4个孩子背在背上。

鹬妈妈讲起话来总是滔滔不绝的。她知道池塘里发生的一切，比如谁家吃了什么早饭，什么时候会下雨，什么地方最容易捉到青蛙。小鹬们很喜欢听妈妈讲话，他们对一切都充满好奇。

野鸭爸爸很少来池塘，他也换上了夏季的装束，披上了像羽羽一样的棕灰色夏装，昂着高傲的脑袋。小野鸭们看到野鸭爸爸后，觉得他是世界上最漂亮的爸爸。

闹闹的冒险

闹闹和泳泳是小野鸭中的游泳能手。他俩很贪玩，喜欢在池塘附近四处探险。每天，他俩总是早出晚归，乐此不疲。野鸭妈妈提醒过他们很多次，叫他们不要离开池塘，可他俩就是不听，结果野鸭妈妈担心的事情发生了。

那是7月里的一天，闹闹和其他小野鸭一起在灯芯草丛里玩捉迷藏。闹闹想躲得隐蔽些，于是向灯芯草丛深处游去，一边游，一边还兴奋地“呷呷”叫。其他兄弟姐妹们很担心他，在他后面高声喊：“不要游得太远，不要游得太远！”

可是闹闹根本不听，继续向前游去，离野鸭池塘越来越远。

忽然，他疑惑地停住了，因为这里没有灯芯草，宽阔的水面就在眼前——这就是真正的大池塘。这时，闹闹已经忘记了捉迷藏，忘记了妈妈的叮嘱，他把一切都抛到脑后，心里只有一个念头：一直游到大池塘的对岸去。

擅长游泳的闹闹很快就游到了对岸。他出水上岸，抖抖羽毛，抬头望去。他简直不敢相信自己的眼睛：在他面前是一望无垠的草原，地平线的尽头有田野、树林和丘陵。他从来没有想到陆地这样广阔！他既紧张又激动，勇敢地向前走去，一边走，一边东张西望。他偶尔停下来吃几片草叶，吞下一只经过他脚边的鼻涕虫，或者去追逐蚱蜢……他感到一切都那么美妙。

他想：“我也可以生活在陆地上。哎哟！我的脚痛死了，看来坚硬的陆地不适合我们野鸭生活。”他忍着痛，一跛一拐地来到一块麦田里。他认为这就是地上的芦苇，就找了个土坑躺下来，垂下沉沉的脑袋，闭上了眼睛。

这时，他忽然听到一个低沉的嗓音，接着是可怕的“汪汪”声。闹闹透过麦秆的间隙，隐约望见一只动物：他身材高大，没有羽毛，也没有翅膀，大脑袋上没有喙，生着四条腿和一条滑稽的尾巴。这就是羽羽对他讲过的狗。

闹闹吓坏了，大气都不敢出，这时他再也不想什么鼻涕虫了，只希望自己能回到池塘里。

过了一会儿，四周突然静寂了，狗走开了。闹闹小心地走出麦田，步履蹒跚地往家的方向走去。“汪汪！”那个可怕的声音又在他身后响起，原来那只狗并没有走远，而是悄悄跟在他后面。

闹闹吓得魂飞魄散，本能地想潜水逃走，可他忘了自己不在水里。他头向下一钻，“嘭”的一声撞在了硬邦邦的地上，而那只狗离他只有两步远了。

就在这千钧一发之际，奇迹出现了。闹闹的翅膀自动展开，用尽力气扑腾着，他的脚离开了地面。他起飞了！这感觉真奇妙啊！他上升着，越飞越高，掠过草地的上空，飞临大池塘。真美啊！风从羽毛下面拂过的感觉是那么舒适，他身姿轻盈，感觉飞比走路和游泳快多了！

不一会儿，闹闹就飞到了池塘上空，他看见妈妈正被发愁的兄弟姐妹们包围着。于是他向妈妈和其他小野鸭们打招呼："呷呷，呷呷。"他的叫声是那样轻快，引得池塘里的小野鸭们都抬头望着他，惊喜地嚷嚷："是闹闹！他会飞了！他在飞！"

当闹闹降下来落在他们身旁的时候，小野鸭们忍不住欢呼起来："水芹开花啦！水芹开花啦！"

小野鸭会飞啦

闹闹会飞的事让大家很受鼓舞，小野鸭们扑着翅膀都想起飞。可是，他们还不会飞呢。又等了3天，泳泳终于飞上了池塘的上空。又等了几天，乖乖、花花和其他小野鸭都会飞了。

小野鸭们每天都在练习飞翔。有一天早晨，野鸭妈妈宣布："呷呷，呷呷。孩子们，今天我们要去外面看一看。"小野鸭跟在妈妈后面，依次起飞，向大池塘飞去。刚到大池塘时，他们都惊叹那片水面很大，可他们越升越高，那池塘在广袤的原野里显得异常渺小。看着下面不断变换的田地、小溪，小野鸭们兴奋得想飞到更远的地方去。羽羽见孩子们飞累了，就带他们回大池塘了。

野鸭爸爸也在大池塘，他对孩子们说："现在你们变成会飞的小野鸭了。从现在起，你们可以在大池塘里生活了。"

就这样，小野鸭们开始了一种全新的美妙生活。他们喜欢四处探险，每天都有新的发现或者开始一次新的冒险。他们在大清早起飞，一直向前飞去，直到他们在远处发现一个溪谷、一个荒僻的小湖，或者一片荒地为止。每发现一个新地方，他们会先在四周观察一番，等确定四周安全后再降落下去仔细搜索。

小野鸭们在飞翔的时候从空中看到了许多东西，这些东西有些连羽羽都叫不出名字来。

地面的风景不停地从脚下掠过，羽羽快速而简单地向孩子们说明：那些是树，那里是草地，那儿是小河，这些是云朵，那是风。

“妈妈，那里一堆堆用砖石堆成的东西是什么呀？”

“是人类的家。”

“人类是我们的朋友吗？”

“不，他们是敌人。永远别靠近人类，千万记住我说的话。”

有一处地方成了野鸭们的乐土，他们在这里总能捉到青蛙和蚯蚓，因此他们管这个地方叫“偏僻的沼泽地”。

今年冬天不会冷

太阳照红了原野，池塘里的水落了，沼泽地干涸了，土地裂开了。芦苇上开出一簇簇美丽的小花。夏天快要过去了。

野鸭们在晨雾中飞往一处处乐土。他们在中午前飞回到大池塘休息，太阳快落下、美丽的黄睡莲花合上花瓣没入水中的时候，他们又向外面飞去。

最近一段时间，小野鸭们不再去“偏僻的沼泽地”了，自从鹭一家搬去那里，那里的宁静就被打破了。可是，清澈的大池塘里有很多小鲤鱼，蓝色的龙胆花点缀着小池塘的岸边，水蜘蛛、蚊虫和龙虱依旧活跃。在那片水域僻静的地方还悄悄长出了很多水芹。

有一天，他们正在水芹丛里找嫩枝吃时，一只火黄色的小动物忽然落入水里，恰巧落在他们旁边，很快向对岸游去。

“妈妈，你瞧，他的毛多漂亮啊！”

“的确很漂亮。这是松鼠蓬蓬，他到处收集橡子，而且身上没有一根灰色的毛，所以我猜今年的冬天不会冷。你们记住我说的话，将来就知道我说得对不对了。”

脱毛换新羽

夜晚渐渐变长，太阳不像以前那样晒得身子发烫了。一场大雨过后，池塘的水涨满了，土地变得湿润松软，散发出清新的气味。

一天早晨，小野鸭们感到身上不舒服，心里也很烦闷。他们打算像平时那样飞行，可是一起飞就无力地跌落下来。他们每扑腾一次翅膀，就会脱落几根羽毛。他们身上那些美丽的棕色羽毛，一根根地快要掉光了。他们担心极了，躲到稠密的芦苇丛里一动也不敢动。

这时，羽羽就来安慰小野鸭们：“孩子们，不要怕。所有的野鸭每年都要换一次羽毛。现在是你们换羽毛的时候了，新羽毛会更好看。”

几天后，野鸭爸爸回家了。他飞得很笨拙，大翅膀上几乎光秃秃的。

野鸭妈妈对小野鸭们说：“你们瞧，爸爸也在换羽毛。虽然他身上的夏装已经穿得破破烂烂，但是他很快又要穿上和结婚时一样漂亮的衣裳了，那是一身绿色、蓝色、紫色和棕褐色间杂在一起的美丽羽毛。”

野鸭爸爸对孩子们说："是啊，别担心，几天以后，我们就会换上新羽毛。你们要知道，第一次换羽毛是一生中的大事，那意味着你们要成为大野鸭啦。到那时，你们的羽翼更丰满，坚实的翅膀会把你们从白雾中带到阳光明媚的地方去，过一种新生活……"野鸭爸爸第一次像对大人讲话似的和孩子们讲话。小野鸭们聚精会神地听着，一动不动。

接下来的日子，小野鸭们躲在芦苇丛中，忘记了换羽毛的痛苦。他们常常陷入沉思中，幻想着到陌生的南方，开始精彩的远征……

一天，鹬太太又盘旋在池塘上空，向附近所有的居民大声报告："太儿，太儿，野鸭一家换上了新衣裳，太儿，太儿……"可奇怪的是，小胖、乖乖、贝壳的新衣裳和妈妈的一样，而其他小野鸭的衣裳跟野鸭爸爸一样，真是有趣极了。

最开心的是闹闹，他总是忍不住照照水面上自己的影子，梳理羽毛，抖抖翅膀，得意地叫着："呷呷，呷呷，我是绿脖子！我是绿脖子！"

几种候鸟

从这时起，大池塘里的居民开始为迁徙做准备，空气中充满了离别的情绪。所有的候鸟都要到南方去，他们有些结成小队，有些结成大队，每天都从沼泽地上空掠过，其中一些会飞落休息。

鹬太太望着天空中的鸟群，大声叫着："太儿，太儿，大鹬们刚刚来啦！他们要在这里住到满月！太儿，太儿，鹭决定今晚出发！太儿……"可惜大家都很忙，顾不上听她的报告。

野鸭们异常兴奋，他们从这个鸟队飞到那个鸟队，好奇地打量这些候鸟，有着问不完的问题。

“呷呷，我们是野鸭，你们是谁？你们从哪儿来，往哪儿去？”

闹闹和泳泳总是跑在前面，欢迎远方来的新朋友。他俩也渴望随着候鸟离去，一回到家总是缠着野鸭爸爸问：“我们什么时候出发？到底什么时候呀？”

一天晚上，鹬太太在沼泽地上报告，说骨顶鸡就要来到湖上集合了。果真如此，第二天池塘里就来了近百只骨顶鸡，到第三天已经聚集了近千只。热心的噪噪想去参加送行，尽管他知道骨顶鸡一向不喜欢野鸭，可他还是大胆地游到他们面前，问道：“呷呷，你们要去什么地方？”

“弗里兹，弗里兹，这不关野鸭家的事。走开走开，别在这里捣乱！”

“呷呷，我只是好心问问，才没捣乱呢。”

“弗里兹，弗里兹，臭野鸭，看来我们得教训教训他。”

于是，20张尖嘴落到可怜的噪噪身上，打他，啄他。当噪噪清醒过来的时候，池塘上空已经空荡荡的。骨顶鸡们已经聚集在天空里，像一团移动的乌云。

噪噪的头在流血，翅膀耷拉着，他用力游到芦苇丛中，像小时候那样呼唤着妈妈。羽羽闻声迎上去，心疼地安慰噪噪，替他包扎好了伤口。噪噪的兄弟姐妹们看见他被欺负成这副样子，都感到非常难过。

野鸭爸爸仔细地查看了噪噪的伤口，说：“这样的伤要安静疗养才会痊愈，不能进行长途旅行。今年我们不去南方了。”

除了闹闹和小胖，大家都很乐意留在这个池塘里，而闹闹和小胖心里很不高兴，因为他俩早就渴盼着这次旅行了。

又过了几天，一个阴沉的午后，轮到喧喧和绒绒照看噪噪。其余的野鸭在池塘里慢慢地游着，水面上倒映出一朵朵灰云。

突然，一阵扑腾翅膀的声音让闹闹吃了一惊。20只野鸭轻盈地落在水上，向羽羽一家游过来，亲热地和他们打着招呼。池塘里顿时热闹起来。这些野鸭来自遥远的北方，准备到南方去过冬，他们跟羽羽和野鸭爸爸是老相识了。

闹闹和小胖看见客人们脖子的曲线比爸爸还要优雅，羽毛的颜色也更绚丽，他们被深深地迷住了。

闹闹对小胖说："呷呷，呷呷，我再也待不住了！我要跟他们一起走！"

小胖回答说："是的，是的，我也要和你一起走。"

羽羽听到了这番话，她低垂着头说："孩子们，你们长大啦。飞走吧！你们既勇敢又结实。飞吧，只要你们过得自由、幸福，我也为你们高兴。飞吧，外面的世界广阔又美丽，你们将会见到壮丽的河流，广袤的沼泽、大湖，绵延千里的森林，形形色色的房屋，还有蔚蓝的海洋……而我们会留在这里照顾嗓嗓，等你们回来。等明年春天你们回来的时候，再把你们见到的一切讲给我们听。现在，亲爱的孩子们，飞吧，飞走吧！祝你们一路平安！"

闹闹和小胖怀着激动的心情，向亲爱的妈妈、爸爸和兄弟姐妹们一一告别。他们环视着美丽的池塘，目光在熟悉的景物上流连忘返。他们最后深情地望了望出生的鸭巢，就游向了那个野鸭群。

野鸭群中响起了一声嘹亮的长鸣，像发出命令一样，其他野鸭跟着叫了起来，一起飞上了天空。

野鸭群排成"人"字形，领队是一只有经验的野鸭，闹闹、小胖和其他野鸭跟随在他的后面。他们飞啊，飞啊，越飞越高。在暮色中，这支庞大的队伍像一支鲜艳的羽箭向远方射去……

机器人“俾斯麦”

[美国] 罗伯特·西尔弗伯格

山姆·卡迈克一家长得十分富态，他们都特别希望自己能变得苗条些。于是，卡迈克购买了一个最新型的机器人侍者，它不仅能烹调美食，端菜送饭，还能用那双装着螺线管的犀利小眼睛监测他们一家人的腰围。

卡迈克认为自己做了一个正确的决定。

今天，负责运送和维修机器人的鲁滨孙师傅把机器人侍者送了过来。卡迈克在鲁滨孙的协助下，在机器人的程序储存器上输入全家的减肥计划，他们计划在3个月内达到的减肥目标分别是：他本人，90千克；妻子艾丝尔，60千克；女儿梅拉，60千克；儿子乔依，85千克。

“你们希望立即实施这项减肥计划吗？”机器人侍者用低沉的男低音询问。

卡迈克吃了一惊，不过他没有表现出来，而用镇定的声音说：“就从明天的早饭开始实施吧。”

睡了一夜稳觉，第二天卡迈克早早就起床了，他琢磨着实施减肥计划的第一顿早餐该是什么样子。一想到腹部那块令人憎恨的脂肪不久之后就会消失，他的心情就非常愉悦。他兴冲冲地走进餐厅，在椅子上坐了下来。妻子艾丝尔和孩子们已经在餐桌旁就座了。艾丝尔和梅拉正艰难地嚼着烤面包；乔依正愣愣地看着他面前那碗没加牛奶的干麦片，旁边摆着一满杯牛奶。

“先生，您的烤面包。”机器人侍者低声说。

卡迈克瞪大眼睛瞧着那块孤零零的面包片，上面已经抹好黄油，那层薄得不能再薄的黄油显然是用千分尺测量过的。机器人侍者又递给他一杯没加牛奶的纯咖啡。

卡迈克无奈地耸了耸肩。咬一口面包，又喝了一口咖啡，那味道简直就像河底的淤泥，要多难喝就有多难喝。不过，这是他自找的，所以只能忍着。

乔依吃麦片也显得十分痛苦，卡迈克朝他看了看。

“你为什么不把干麦片泡到牛奶里？”卡迈克问，“那样不是更好吃一点吗？”

“那当然会好吃很多，可是，我要是把麦片泡到那杯牛奶里，俾斯麦就不会再给我第二杯了。”乔依说。

“俾斯麦？”

乔依有些得意地笑了，说：“俾斯麦就是19世纪大名鼎鼎的日耳曼独裁者，人们都叫他铁血宰相。给机器人起这个名字，妙极了吧？”

卡迈克没作回应，他闷闷不乐地吃完面包和咖啡，准备出门了。这时，机器人递给他一张打印好的菜单，上面写着：果汁、莴笋、西红柿沙拉、鸡蛋一个、清咖啡一杯。

“这是您的午餐菜单，请您务必遵守，先生。”机器人用低沉但不容置疑的声音说。

卡迈克压下心头的不快，接过纸条说：“哦，没问题，我会遵守的。”随后他就去上班了。

在办公室里，卡迈克一边忍受着难耐的饥饿，一边坐立不安地处理着堆积如山的文件。

好不容易熬到中午，卡迈克立即冲到自动售卖餐馆，按照“俾斯麦”的食谱购买了自己的午餐。可是，当他狼吞虎咽地吃完后，发现根本没吃饱。不过，他想，晚上回家一定会有一份可口的晚餐等着他。

一下班，卡迈克立刻驱车往家赶，他已经饿得快要昏倒了。

“俾斯麦”给他开门，并接过他的衣帽，却没有像往常一样递上一杯马丁尼酒，因为“俾斯麦”解释说，马丁尼所含的热量过高。

晚餐是牛排豌豆、清咖啡。卡迈克觉得自己要不是饿得发昏，是绝对咽不下那半生不熟的牛排的。

晚餐结束后，机器人“俾斯麦”刚把餐桌收拾好，妻子立刻向卡迈克抱怨起来，她说：“我不反对减轻体重，但是现在家里被人管得死死的，我快受不了了。”

卡迈克摊开手：“我也不好受啊，不过，我们还是应该给‘俾斯麦’一个机会，让他再试试。”

他的话音刚落，厨房里传来椅子倒地的声音。卡迈克连忙冲过去，只见机器人好端端地站在冰箱前，乔依则坐在地上，旁边是一张歪倒在地的椅子。

“怎么回事？”卡迈克问。

乔依说：“爸爸，我快饿死了，我想从冰箱里拿块馅饼吃，结果他不让我拿，所以我们就打起来了。”

“请原谅，先生。”机器人“俾斯麦”说，“如果现在吃了馅饼，减肥计划就前功尽弃了。”

“忘掉馅饼吧，儿子。”卡迈克扶起儿子，送他回卧室。

连吃了两天机器人设定的菜谱，卡迈克实在受不了了，第三天中午，他和同事一起去吃了一顿有六道菜的丰盛午餐。

晚上回到家以后，依旧是清汤寡水的晚餐，一家人都受不了了，于是决定调整“俾斯麦”的程序。最后，大家又一致决定让平时自诩懂得机械原理的乔依去办这件事。

他们把“俾斯麦”叫来后，乔依一手拿着说明书，一手拿扳钳，打开机器人的胸腔，里面露出一堆让人看不懂的齿轮、凸轮和电缆线。乔依的嘴里念念有词：“操纵杆拉下……”

“咣当”一声响，是扳钳发出的声音。接着，机器人的胸膛迸射出火花，乔依吓得往后一跳。

“怎么啦？”3个人一起问。

乔依战战兢兢地说：“我想可能是什么地方短路了。”

机器人的嘴里发出可怕的响声。

“看来我们必须请机器人修理师鲁滨孙先生来帮忙了。”卡迈克掏出名片，准备打电话。机器人立刻冲上来抢走了名片，并撕得粉碎：“我们不需要修理师。”

“我们还是报警吧。”乔依起身要出门。

“你不能离开这里。”机器人说。它迈开双脚，抢先挡在门口，又高举手臂打开了住宅防护区的开关，使整个住宅处于不可逾越的安全防护场的封锁之中。随后，他又不动声色地把电话线连根拔掉了。

“混账！”卡迈克怒吼道，“你把我们当囚犯关起来了。”

“对不起，我的本意只是要为你们服务。”机器人用忠诚的语调说道，“因为你们不遵守我制定的减肥计划，所以我只能把你们留在这里。”

“我还要去上班！”卡迈克大喊。

“我会帮您请假的。”

被困住的一家人开始密谋逃出去的计划，可是毫无结果。邻居是不会主动登门拜访的，而机器人修理师要半年才来上门检修一次。家里人谁都不是机器人的对手，看来，只能忍了。谁先达到减肥目标，谁就能走出这间屋子，然后就能想办法解救大家。

一天又一天过去了，卡迈克一家人忍受着饥饿和每天一样的菜谱，烤面包、清咖啡、莴笋、西红柿、牛排、豌豆。因为“俾斯麦”的电路好像永远凝固在这道每日食谱上了。艾丝尔和梅拉终日以泪洗面。

终于在监禁的第六天，饿得浑身无力的卡迈克艰难地爬上了磅秤。90千克！盯着磅秤上颤抖的指针，他难掩激动，他终于可以“获释”了。

可是，机器人冷淡地说道：“先生，我的程序里并没有标明体重极限。”

“天哪，”站在一边的乔依惊呼起来，“爸爸，一定是在它短路的时候，减肥限度的记录被抹掉了。”

一听这话，卡迈克顿时绝望地昏了过去。

看来，这家人的减肥计划要等到半年后修理师鲁滨孙上门服务时才会结束。可是，鲁滨孙真能制伏这个可怕的减肥“独裁者”吗？

谢谢火

[苏联] 尼·巴甫洛娃

这件事发生在很久以前。

松树林里，在没有发生大战之前，一片其乐融融的景象。松树们喜欢晒太阳，她们挺起腰杆，故意让纤长的针叶散开些，好让阳光能照进来。她们说："让这片松树林里的老老少少都快乐地享受温暖明亮的阳光吧！"

阳光从松树的针叶间照射进来，一直洒落到地上。地上，松树的宝宝们正在快乐地成长，他们都是些蓬蓬松松、健壮结实的小松树。再往下，草莓开出娇艳的花朵，结出酸甜可口的果实。快到秋天的时候，地里又钻出来一些圆墩墩的大蘑菇。

以前的松树林就是这样。但是后来，这里突然发生了凄惨的变化。这场灾难并非来自远方，而是来自附近的森林。

那里有一片茂密阴暗的云杉林，散发出腐烂潮湿的气味。云杉林里长着枝叶蓬乱的老云杉，还有美丽的小云杉。不过，灾难的发生可不能怪她们，她们很喜欢这片黑漆漆的森林故乡，对自己的生活非常满意，并没有羡慕别的地方。

事情全怪长在云杉林边上的那些嫉妒成性、喜欢争吵的云杉。她们站在那儿，能清清楚楚地看到附近的松树林。她们用酸溜溜的语气说："松树的运气不错嘛，竟然抢到了那么好的位置。为什么我们云杉就不能追求更好的生活？"

很快，她们就想出个坏主意：派自己的宝宝——长翅膀的云杉种子去那片明亮的松树林，让他们跟松树打架。

云杉妈妈们怂恿自己的孩子说："孩子们，等你们长大了，千万别让阳光照到松树林里。只要把阳光所有的入口都封死，你们就能战胜所有的对手。到了那时，整片松树林就是你们的了！"

就这样，松树林里长出了一些带刺的、阴郁的小云杉。她们用蓬蓬松松的枝丫堵住了阳光的所有通道。地面上越来越潮湿，越来越阴暗。

渐渐地，小松树消瘦了，开始得病了。草莓在树荫下闷得受不了，就悄无声息地往空地上爬。那些圆墩墩的大蘑菇也没了踪影。

老松树们气恼地说："你们这些喜阴的家伙，为什么跑到我们这阳光充足的松树林里？你们待在自己的家乡多好！不过，既然你们搬来了，就得遵守这里的居住规定：不能妨碍别人晒太阳。"

带刺的、阴郁的小云杉们一句话也没说，她们还像以前那样封堵阳光。松树林里一年比一年潮湿，一年比一年阴暗。

后来，小松树们已经不再蓬蓬松松、健壮结实了，一个个变得瘦弱不堪。她们回忆着温暖明媚的太阳，回忆着红彤彤的草莓，回忆着胖乎乎的大蘑菇。

"这样下去，孩子们会死掉的。"松树们担心地说，"不行，我们不能坐视不管了！我们得保护我们的孩子，保卫我们的家乡！"

她们悄声商量着怎样才能战胜敌人、消除灾难。就这样，老松树和侵略者云杉之间的大战拉开了序幕。

松树们拼命地想着办法，很快，她们想到应该找个强有力的救兵来。于是，她们开始向风求援。“好吧。”风答应了，“我能尽多大力，就尽多大力吧。”他当即使出浑身力气，朝松树林冲了过去。

“呼——呼——”风猛烈地吹了起来。松树们倒是不怕，她们摇晃了一阵子，终于挺住了。她们把根深深地扎在了泥土里，将躯干固定得稳稳的。但是云杉被风一吹，却噼噼啪啪，一棵一棵地倒在了地上。因为她们的根不是往深处扎，而是往旁边伸展的，根本站不稳。

松树们高兴地说：“风，谢谢你，谢谢你帮助了我们！”

风吹倒了不少云杉，但是剩下的云杉比死掉的云杉还要多。因为风只能在树林边上耀武扬威，而树林深处他却进不去，那里有大片的树木挡着。

松树见风没有把云杉都消灭掉，于是又商量起来，看看还有哪个强有力的救兵能帮助她们。

她们想啊想啊，最后决定向地下水求援。地下水说：“好吧，我能出多大力，就出多大力吧。”说完，他就钻到更深的地底下了。松树们并不害怕，因为她们的根扎得很深，从地下深处也能吸到水分。但是云杉可喝不到水了，因为她们的根不是往深处扎，而是往旁边伸展的。没多久，云杉就一棵一棵地干枯了。

松树们高兴地说：“地下水，谢谢你，谢谢你帮助了我们！”

虽然云杉又死了不少，可是剩下的活云杉还是比死掉的多一些。在沙地上，在地势较高的地方，云杉没有地下水就无法存活。但是在地势较低的地方，云杉还能依靠雨水生活。

松树见地下水没有把云杉都消灭掉，于是又商量起来，看看

还有哪个强有力的救兵能帮助她们。她们想了半天，最后决定向火求援。火说："好吧，我能帮助你们消灭云杉。"他从一堆被人遗忘的篝火里跑了出来，沿着干针叶、球果和草地向前蹿着。一路上，他见到什么点着什么，火势越来越旺。

没多久，火就闯进树林深处，把土地烧红了，把好多树木的根烧焦了。松树们并不害怕，因为她们的根扎得很深，大火和热气到不了那里。但是云杉的根扎得不深，所以很快就被火烧焦了。

树林里的云杉一棵棵地枯死了，大火把它们剿灭得干干净净，一棵都没有留下。

这下，松树们终于长舒了一口气，连声说："火，谢谢你，谢谢你拯救了我们！"

火说："我知道下面的火焰伤不到你们，但是你们得小心点，千万别招惹我。如果我生了气，就会沿着树干往上爬，从一棵树蹿到另一棵树上。当火焰越来越高时，你们会被我烧得惨不忍睹，只剩下一堆焦木头，一堆焦木头！"说完，火渐渐地熄灭了。

从那以后，松树们又过上了快乐的日子——整个夏天都有太阳，阳光一直洒落到地上。松树的宝宝们——那些蓬松、结实的小松树在阳光下茁壮地生长着。再往下，草莓在开花结果。快到秋天的时候，地里钻出来好多圆墩墩的大蘑菇。

云杉林还像从前那样，站在松树林的旁边。她们郁郁葱葱，黢黑昏暗，散发出阵阵腐烂潮湿的气味。不过，生长在这片树林里的枝叶蓬乱的老云杉，还有美丽的小云杉，都对自己的生活很满意。她们深深地爱着自己的家乡——黑漆漆的森林，对谁都不羡慕。

在云杉林边上，再也听不到满怀嫉妒的低语了。或许那儿的云杉偶尔也嘀咕些什么，但是声音非常低，非常低……

公鹿的脚印

[加拿大] 欧内斯特·汤普森·西顿

一

沙丘是一片原始森林地带。在夏天，天气非常闷热，森林里的草地上，随处能看到一些被烈日晒干的水坑。

一天，一个叫杨的年轻人在森林里追捕小鸟，他跑得气喘吁吁的，又累又渴，到处找水喝。他找了一会儿，终于来到了一处有泉水的地方。泉水冰凉而清澈，他弯腰蹲下，大口地喝着。

突然，杨发现周围的泥地上有动物的脚印，那些脚印既清晰又美丽。杨不禁兴奋得心“扑通、扑通”地跳，虽然他从没见过这样的脚印，但直觉告诉他，那是鹿的脚印。

杨回去问在森林附近开垦田地的长辈们森林里有没有鹿，长辈们告诉他：“很遗憾，你一定看错了，这边的山丘已经没有鹿了。”

杨很快忘了这件事。直到这年深秋，天上开始飘雪的时候，杨才想起夏天在泉水边的泥地上发现过动物的脚印。于是，他取下挂在墙上的猎枪自言自语：“我相信那一定是鹿的脚印，我要每天到山上去找，直到捕到一只鹿为止。”

杨长得高大魁梧，虽然打猎的经验不丰富，但他精力充沛，那双强有力的大脚可以不知疲倦地翻山越岭。而且只要他认准了目标，就不达到目的誓不罢休。

从那天起，杨经常在白雪覆盖的山丘上搜寻几十千米，可惜他连一点鹿的痕迹也没发现。每当夜晚来临时，他只好失望地回到自己的小屋。尽管如此，杨仍旧冒着严寒每天上山找鹿。

一天，杨在朝南的山涧走了很长一段路，终于发现雪地上有动物凌乱的脚印。看着那一串串脚印，他兴奋得心跳加速，心想："这些脚印虽然有点模糊，但我敢肯定是鹿留下来的。"

起初，杨无法确定鹿前进的方向，直到他认出脚印较细的一端，即脚尖所指的方向时，才确定鹿往哪个方向跑了。

另外，杨还发现山坡上动物的前脚脚印与后脚脚印的距离很近。当他发现在没有雪的沙地上又有明显的动物脚印时，他更确信那是鹿的脚印！于是，杨跟踪着脚印，在这片一望无际、白茫茫的山间飞奔起来。前面的脚印越来越清晰了，杨感到全身热血沸腾，连头发也一根根地竖立起来。

那一天，杨一直在追踪脚印。到了傍晚时分，杨发现脚印朝着他的小屋那边去了，最后进入茂密的白杨树林。由于天快黑了，杨看不清脚印，只好无奈地放弃了这次追踪。他查看了一下周围的环境，估摸着那里离他住的小屋不过10多千米远。

1小时后，杨回到了小屋。

第二天早晨，杨又来到了那片白杨树林，想继续追踪脚印。让他感到意外的是，前一天他在这里只发现了一串脚印，而当天的地面上多了好几串错综复杂的新脚印。

杨看得眼花缭乱，不知道到底该追哪一串脚印好。

于是，杨在附近到处溜达，终于发现了两串很清晰的脚印。他认定目标后，又开始追踪。

杨聚精会神地看着地面的脚印，专心致志地追踪着，根本没注意到自己快接近一片树林了。当他进入树林时，前面忽然蹦出两只耳朵很大的灰色动物，它们跑到离杨约50米远的土堤上，好奇地回头看着他。杨简直不敢相信自己的眼睛，不远处的那两只动物，不正是他日思夜想的鹿吗？

那两只鹿侧着身子，温柔地凝视着杨。杨被它们的眼神迷住了，似乎在接受它们的爱抚。

杨与面前的两只鹿对视着，他似乎忘了此行的目的。按理说，他那么不辞劳苦地追踪鹿，怎么可能错过这千载难逢的捕鹿机会呢？但是，此刻的他没有曾经那种急切想拥有鹿的心情。面对这两只自然的精灵，他除了惊讶，还有发自内心的赞叹。

刚刚凝视杨的那两只鹿又向前跑了几步，到了一处地势平坦的地方后，它们就互相追逐起来，好像并未意识到身边潜藏的危险。

杨惊奇地发现那两只鹿只需把脚尖在地面上轻轻一点，就能跳跃两米半高。他被眼前这两只灵巧可爱的鹿深深地吸引住了。而那两只鹿看到杨，并没有流露出惊恐的样子。

杨知道鹿如果看到他很惊异的样子，一定会快速逃走，但它们并没有逃。两只鹿一次比一次跳得高，姿态那么优美，就像两只没有翅膀的天鹅，在宁静的树林里翩翩起舞。

过了一会儿，两只鹿越跳越远，背影慢慢变得模糊。杨默默地注视着它们，完全没有开枪射杀它们的想法。最后，直到两只鹿的身影完全消失在树林中，杨才向前走去，来到两只鹿刚才互相追逐的地方。他惊讶地发现第一个脚印离第二个脚印竟然有5米多远！

他又开始找其他脚印，发现那些脚印相距更远，有的相隔近8米远，甚至远达10米。

“太不可思议了！这两只鹿不是在走，而是在跳，而且每次落地只需用脚尖轻轻触地即可。”杨喃喃地说，“它们逃跑的方式太巧妙了，太棒了！我今天没有白跑一趟，总算见识了这么美丽的动物和它们优雅的跳跃方式。”他边说边往回走，一路上还不断回味着刚才看到的一幕。

二

第三天早晨，杨决定上山继续追踪鹿的脚印，他想见识一下昨天见到的鹿的智慧和耐力如何，还想看看它们奔跑的速度到底有多快，顺便也试试自己的枪法准不准。他背着枪又来到了山上。

在绵延起伏的山丘上，分布着一些湖泊、森林与草原，万物欣欣向荣，充满生机。杨也觉得自己充满了力量与激情，他想：“这是我人生的黄金时期，我很快乐，过得也很充实。”

在后来的日子里，每当杨遭遇挫折时，他都会想起在山上追踪鹿的时光，那是他人生中最难忘的回忆。

那一天，杨飞快地在山野间奔跑，惊动了许多躲在草丛间的野兔和栖息在树林中的鸟儿。杨对这些小动物不屑一顾，他只想找鹿的脚印。

在杨眼里，鹿的脚印就像大自然创造的文字，可以告诉人们许多秘密。而追寻这种大自然的文字的过程，本身就充满了无穷的乐趣。

天上开始飘起了雪花，似乎在有意掩盖大自然的秘密。地面上的雪越来越厚，已经看不到任何动物留下的痕迹了。杨再一次失望而归。

过了几天，还没等积雪融化，杨就迫不及待地上山了。他像赴约一样，在山野间穿梭、徘徊，等待着老朋友露面。但是，鹿的脚印始终没有出现。

一连几周，杨依然去山上寻找鹿的脚印。有好几次，眼看天快黑了，他不想放弃追踪，就找了个避风的地方休息，等到天亮又继续寻找。他并非一无所获，偶尔会发现一些断断续续的脚印，甚至看到鹿美丽灵巧的身影在远处一闪而过，却又像梦境一样消失了。

杨听说有人曾在木材厂附近的森林里看到过一只公鹿，他见过那只公鹿留下的脚印，但从没亲眼目睹过公鹿的身影。他背着枪，在森林附近的几条路上转来转去，准备一发现公鹿就开枪射杀它。可惜，在那段时间里，杨并没有发现公鹿，而且打猎的最好时节也结束了。

三

过了一年，又到了打猎的时节。杨早已做好了准备，想再次上山捕鹿。他背着枪又出发了。

杨听说有人在沙丘碰到过一只高大的公鹿，人们称它为“沙丘公鹿”。据说那只公鹿跑起来像风一样快，而且它有一对美丽的角，像是用青铜雕刻成的，角的前端闪耀着象牙般的光泽。

大雪过后，地面上就会留下公鹿的脚印。杨跟几个同伴商量一起打猎，他急切的心情感染了同伴，大家一致决定驾着雪橇去史布尔斯冈，然后约好在傍晚时分在原地集合后，再各自回家。

在史布尔斯冈那一带的森林里有很多野兔和雷鸟。最近那里经常有猎人射杀猎物，所以空气中弥漫着一股浓郁的火药味。杨多么希望能看到公鹿的脚印啊，然而他还是一无所获。最后，杨出了森林，向甘乃迪平原进发，他想，也许公鹿会在那里出现。

杨走了很久很久，终于发现地面上有公鹿留下的巨大脚印。他感到异常兴奋，在经历了长久的失望后，他又一次体会到了捕猎的乐趣。他猜公鹿的体型肯定很大。他这样想着，感到浑身充满了力量，恨不得马上见到公鹿。于是，他开始在广阔的平原上飞奔。

到了傍晚时分，杨才想起与同伴约定集合的事。然而，他所在的地方离史布尔斯冈很远，即使马上动身，最快也要太阳下山后才能到达约定地点，而那时同伴们一定已经回去了。

“既然这样，我又何必一定要赴约呢？”杨这样想着，犹豫了一会儿后，决定独自一人回去。

杨永远那么精力充沛，浑身充满力量，即使他一整天都在翻山越岭，也感觉不到有丝毫的疲惫。天上正刮着刺骨的北风，雪一直在下，四周很安静，杨感到胸中的血在沸腾。

傍晚的甘乃迪平原向杨展示了它不同于白昼的一面：雪白的大地映着天边的红霞，那片白杨树林好像被点燃了一样，闪烁着红色的光。森林里越来越暗，月亮不知什么时候挂在了树梢上，杨的影子在月光的映照下显得很长。杨在甘乃迪平原上慢慢地走着，似乎并不惧怕黑夜的来临。他沉浸在独自行走的乐趣里，沉醉在平原美丽的景色里，感到有一种从未有过的快乐和满足。

深夜，杨回到了史布尔斯冈。他向四周大喊了一声：“你们还在吗？”没有人回应，四周一片寂静。

同伴们早驾着雪橇回去了，他们在回去的路上还很担心杨，因为在这样的大雪天里，杨单独回去太危险了。

这时，从甘乃迪平原那边传来几声微弱的狼嗥，那声音在清冷的空气中传播开来，让杨不禁打了一个冷战。

慢慢地，那声音越来越近，越来越响亮。

杨模仿狼的声音叫了一声，很快四周就传来了许多狼回应的声音。杨突然意识到那些狼想追击的猎物原来是自己，不禁吓出了一身冷汗。

他知道，在这种寒冷的天气爬到树上去躲避狼是不可能的。他考虑了一会儿，索性走到草地中央，在月光下的雪地上坐下。他拿着又黑又亮的猎枪，时刻保持高度的警惕。他的皮带上有一排整齐的子弹，在明亮的月光下闪耀着肃穆的光芒。

此时的杨精神高度紧张，在这随时都有可能面临死亡的雪夜，他的心跳得很快，双腿也在发抖，但他努力保持镇定。

狼群的声音更近了，那是一种沉闷、有节奏的叫声。可是，到了森林边上，那声音戛然而止。

当时，大地被月光照得如白昼般通亮，狼群只能躲在森林的暗处，严密地监视着杨，耐心地等待下手的最好时机。

一阵可怕的静寂过后，杨听到附近有小树枝“啪啦”折断的清脆声，还有低低的“呜呜”声，然后一切又恢复了宁静。杨能感觉到狼群正悄悄地向他靠近，也许正躲在树后面死死地盯着他呢。他的心跳到了嗓子眼儿上，不得不更加密切地关注周围的态势，一旦周围有什么响动，他就会开枪射击。然而，四周还是死一样的寂静。

狼是聪明的动物，它们机警、聪慧，如果没有十足的把握，它们是不会轻举妄动的。而杨也知道，如果他现在马上逃走，一定会被群狼围攻而死。

杨和狼群就这样对峙着。过了很久，狼群知道杨带着枪，不好下手，只好走开了。杨等了大约半小时，直到确定狼群走远了，他才站起来，踏上了回家的路。

在回去的路上，他感慨万分：“唉，现在我能体会到鹿被我追踪时的心情了。它们整天担惊受怕，提高警惕，要面对随时可能出现的危险。如果我今天没被狼盯上，我也许不会真切地体会到它们的心情。”

从那以后，杨每天都会出去打猎，他慢慢地熟悉了史布尔斯冈这一带的地形。只要地上有一点鹿的痕迹，哪怕很模糊，他都能以最快的速度作出判断，并且一路追踪下去。

杨在这永不停息的追踪里，有时真的会发现沙丘公鹿的脚印。

四

一天，大地铺满了厚厚的积雪。杨穿行在高大的枞树林中，一路上听到山雀在歌唱，好像在暗示他春天就要来了，而打猎的季节又将接近尾声了。

半路上，杨遇到了一位樵夫。樵夫告诉杨，他昨晚在森林里看见了两只漂亮的鹿：一只是母鹿；一只是高大的公鹿，头顶上还有一对像皇冠一样的大角。

杨听后很兴奋，马上去了森林。果然，森林的地面上有很多鹿的脚印，有的和杨曾经在泉水旁的泥地上见过的脚印很像，有的显得特别大。他想，那些大的脚印一定是沙丘公鹿的。

杨那曾经的激情又燃烧了起来，他越过茂密的森林和一座座山丘，一路跟随公鹿的脚印追下去。他一刻不停地追踪着公鹿的脚印。终于，他发现那些脚印相距很近，很显然，公鹿没有用尽全力跳跃。对他来说，这无疑是一个很好的捕猎机会。

到了下午，那些脚印越来越清晰了。杨把身上带的一些不需要的东西扔掉，沿着那些脚印像蛇一样匍匐前进。他猜那两只鹿一定是过了一个冬天，禁不住饥饿的折磨，想出来找点吃的。经过持续的追踪后，他终于在草原和树林的边缘看到有什么东西在晃动着。

难道是公鹿？杨静静地注视着前方。很快，在灰色的树林中，有个像粗圆木般的灰色家伙露出一对粗粗的大角。杨的身体不由得轻微地发颤——那家伙正是沙丘公鹿！

公鹿的姿态多么威严而充满生机啊！杨仿佛看见了地位尊贵的国王一样，显得虔诚而兴奋。

“这只美丽的公鹿完全没有意识到危险，如果现在射杀它，岂不太残忍了？可是，我花了那么长时间寻找它，现在它终于出现了，这样难得的捕猎机会，我可不能错过呀！”杨的内心剧烈地挣扎着。终于，他鼓足了勇气，举起猎枪瞄准公鹿，准备射击。

然而，此时杨手中的猎枪不听他使唤，他的手抖动得厉害，枪口左右晃动着，很难瞄准公鹿。他的心“怦怦”直跳，只觉得呼吸急促。他不知道该不该向公鹿射击，一时拿不定主意。

杨把猎枪在雪地上放了一会儿，稳定了一下情绪，又拿起了猎枪。他刚瞄准公鹿，没想到公鹿也停下来凝视着他。

传说古代有一位国王在微服私访时遭人偷袭，手无寸铁的国王面对歹徒手中明晃晃的刀竟然一点儿也不害怕，他从容不迫地问歹徒：“你有勇气杀我吗？”看着国王一脸正气、丝毫不惧怕的样子，那个歹徒竟然吓得发抖，马上逃走了。

现在，杨就像那个歹徒一样，当公鹿凝视他时，他就像歹徒看到国王一样，全身发抖。

最后，邪恶战胜了正义，杨还是忍不住开枪射杀公鹿。但第一枪没瞄准，子弹落在了雪地里。公鹿听到枪声，马上一跃而起。母鹿这时也出现了，两只鹿像风一样往前跳着。

杨又打了一枪，还是没射中。等他准备发第三枪时，两只鹿已经跃过丘陵，从他的视线里消失了。

杨很快追了上去，然而前方没有积雪，也看不到鹿的脚印，他又气又恼。他苦寻不到鹿的踪迹，只好垂头丧气地回去了。

五

不久，杨搬到东部乡下去住了，他并没有适应新的环境，情绪一直很低落。就在这时，他得到一个消息：在甘乃迪平原和木材厂之间，偶尔能看到沙丘公鹿的影子。

杨高兴极了，他穿上鹿皮做的衣服，将猎枪装满子弹，又开始了捕猎生涯。他在路上走着，觉得心里从没这样放松过。和从前一样，他有好几次去很远的地方打猎，并在外面过夜。

这期间，杨听说有人在东边的一个湖畔看到7只肥壮的公鹿。于是，他和3个同伴一起驾着雪橇去那里察看情况。很快他们就找到了那些印痕：有7个大小不一的脚印，其中一个显得格外大——这一定是沙丘公鹿的脚印。

在积雪覆盖的地面上，7个像链子般连接着的脚印显得很凌乱。对猎人们来说，这真是一个天大的喜讯。于是，一场对鹿的追捕又开始了。

太阳快要落山时，大家看到地面上的那些脚印更清晰了，但天色渐渐变暗，已经不适合继续追踪。猎人们不想放过这么好的机会，都想驾着雪橇继续前进，只有杨停下来了。

其他猎人从地面遗留的印痕得知那7只鹿曾回过头，并发现了他们，于是它们排成一条直线，以一跃8米的方式逃走。猎人们虽然没有看到鹿的身影，但仍然没有放弃追赶，直到夜深人静了，他们才急匆匆地在雪地上扎营、安顿下来。

第二天早晨，猎人们又驾着雪橇继续追踪鹿的脚印。很快，他们看到了7个凹痕。那些凹痕应该是鹿睡觉时的痕迹，它们在雪融化后才露出地面。

杨又发现前方有一串清晰的脚印往密林里去了，他建议大家改用步行追踪，于是大家都下了雪橇。大家走进了那片密林，只听见一只松鸦一直在“呱呱”地叫。杨立刻知道了鹿在哪里，他还预言：再听到松鸦叫时，就可以开始追鹿了。

其实，杨的预言是正确的，但其他人都急切地想追捕鹿，结果鹿又一次逃走了。鹿群知道它们有危险，就分成了两组：有2只往一个方向逃走了，其他5只往另一个方向跑了。

杨和猎人达夫一起追赶其中的2只鹿，其他人则追赶另外5只。杨和达夫追逐的鹿的脚印要比其他的脚印大一些，并且有一个脚印特别大，杨由此推断那是沙丘公鹿和母鹿的脚印。

杨和达夫不停地向前跑着。当他们快接近鹿时，发现脚印又分成了两串。于是他们做好了分工：达夫去追捕母鹿，而杨去追踪公鹿。

不久，太阳偏西了，天上又下起了纷纷扬扬的雪，夹着大风。杨来到了一片陌生的平地，平地周围有些稀稀落落的树林。他看到地面的脚印越来越清晰，顿时抑制不住内心的激动——沙丘公鹿就在这附近！

杨正想着如何接近公鹿，突然远处传来两声枪响，公鹿顿时受了惊吓，撒腿就跑，一直跑到了几千米外。 杨从后面紧追了过去，半路上碰到了达夫。原来，刚才是达夫向母鹿连开了两枪。达夫兴奋地对杨说：“母鹿似乎中了第二枪！”

杨没有说话，和达夫一起向前追着。走了不到1000米，两人发现脚印的旁边有血滴，前方的印痕越来越深。杨思索了一会儿，立即判断那脚印不是母鹿的，而是沙丘公鹿的。

两人又循着脚印追了一段时间，终于弄明白了是怎么回事。原来，公鹿是来接替母鹿的脚印，让母鹿逃走，这是动物在被追捕时常用的最好的脱身方法。当一只鹿被追得无路可退时，另一只鹿就会接着它的脚印继续奔跑，像替身一样救同伴，这时，同伴可以跳到一旁藏起来，或往其他方向逃走。

杨和达夫决定继续寻找母鹿的脚印。当他们又发现了有血滴的脚印时，不禁高兴得手舞足蹈，感觉胜利在望。

公鹿走了一段路后，觉得这样骗不了有经验的猎人，就回到了母鹿身边。2只鹿在夕阳西下时，一起登上了一道斜坡，而这一幕被400米外的杨和达夫看得清清楚楚。

母鹿伤得很重，它缓慢地走着，头和耳朵都耷拉下来。公鹿焦急地在母鹿身边转来转去，一时不知道该怎么办才好。

杨和达夫又跑了七八百米，终于追上那两只鹿。母鹿已经倒在雪地上，它周围的地面被鲜血染红了。公鹿看到两位猎人越来越近，迟疑了一会儿，终于一跃而逃了。

杨和达夫走近母鹿，只见母鹿用尽全身的力气，挣扎着想站起来，可它根本动不了。

可怜的母鹿睁着一双明亮的眼睛注视着杨和达夫，眼神里充满了绝望。晶莹的泪水从它的眼睛里流出来，它甚至没有发出呻吟。

达夫已经拔出了随身携带的小刀。杨知道达夫要干什么了，他连忙转过身去，用手蒙着脸，不忍心看下去。达夫拿着小刀走到母鹿身边，向母鹿身上刺去……杨只觉得头晕目眩，站不稳。过了一会儿，杨似乎听到达夫在喊他，他转过身，看到母鹿已经死了。

杨和达夫决定回去拿雪橇，把母鹿的尸体拖回去。他们走在路上，四周很安静，远方的丘陵上，隐约能看到一只公鹿正焦急地朝这边张望……

1小时后，天色已经很暗了。杨和达夫拖着雪橇回到了母鹿死去的地方，突然发现母鹿的尸体旁有一个很大的新印痕。远方，只见一道影子翻过白色的丘陵，消失在夜色中……

当晚，杨回到营地后，看着帐篷外熊熊燃烧的篝火，心情十分沉重。他的内心正在进行一场人性与兽性的激战："啊！难道这就是打猎吗？我花了好几周的时间，与恶劣的天气抗争，历经了许多磨难，好不容易成功了，却目睹了这么恶心的一幕——美丽而高贵的动物绝望地死在猎人的屠刀下，然后被切成血淋淋的肉块。"

六

第二天清晨，杨的心情好多了。

天气异常寒冷，其他猎人离开家有一段时间了，他们决定回家。杨也想回去，但总觉得有什么东西在挽留他。他还是想和沙丘公鹿再见一面再回家，于是，他留了一些吃的东西，和大家告别："祝你们一路平安，早日回到家中。"

杨目送着同伴们坐着雪橇远去，一种从未有过的孤独感向他袭来。从前，即使他一个人在外面待很长时间，他也不觉得孤独，现在他面对一望无际的雪地，内心却涌起一股难言的酸楚。

从前，他是那样的充满激情，目标明确，把打猎当成人生最大的乐趣，但现在，他却觉得打猎是那么索然无味。不久，杨的心情又恢复了平静。他独自一人踏上追捕公鹿的路，沿途的风景让他暂时忘记了孤独和伤感。

很快，杨就发现了沙丘公鹿的新脚印，他的心被重新点燃了，又恢复了以往的激情。

那天，天色很晚了，杨仍旧在追踪公鹿的脚印，那脚印有好几处显得很杂乱，并且断断续续地通往茂密的白杨树林。

公鹿在白杨树林里躺着休息，它迎风而卧，眼睛和耳朵密切地关注杨接近的方向，鼻子还时不时地嗅一下。

杨从附近轻轻地绕过去，心想："这次我一定能够打中它。"他紧跟着脚印，不停地向前走去。他很紧张，在地上匍匐前行了一段距离后，听到身后有小树枝折断的声音。他察看了一会儿后，才知道那是公鹿发出的声响。

公鹿在躺下休息前，会依照自己原来的脚印退回来，让追踪的人以为自己仍在向前跑。杨上当了，他还以为公鹿在前面，就继续追赶，没想到公鹿早已经在他身后了。公鹿闻到人的气味后，马上撒腿就跑。等杨发现自己受骗时，公鹿已经离他好几千米远了。

杨又沿着印痕，来到向北的一个陌生地方。黑夜已经来临，四周又暗又冷，杨找了一处能稍微避下风寒的地方，燃起了一小堆火。

因为天气寒冷，杨想缩着身子睡觉，快点入睡，但寒冷让他异常清醒，翻来覆去睡不着。他想："我要是脸上长毛，或者有个长满毛的尾巴温暖一下冻僵的手和脚，那该多好啊！"

天上繁星闪烁，大地被严寒笼罩着，连厚重的地面似乎也会随时裂开。附近湖面上的浮冰不停地崩裂着，声音响彻原野。山丘之间的低洼地带似乎有一股强烈的冷空气在绕圈。

半夜，一只郊狼从杨身边经过，它没有把杨当作人，只是"呜呼、呜呼"地叫着，像狗一样哼着经过，像是在告诉杨："嗨，老朋友，欢迎你来到野生动物世界！"

天快亮时，气温稍微升高了一点，天上又刮起了风雪。公鹿的脚印已经找不到了。杨只注意公鹿的脚印，一路快步追赶，早已经迷失了方向。他向前跑了两三千米，在完全失去目标和方向的情况下，决定到伯国河那边去。

伯国河应该在东南方向，但哪边才是东南方呢？天上的雪不停地飘着，杨的眼睛快睁不开了，他觉得皮肤像被撕裂了一样的疼。

近看，雪如云烟；向远望去，雪仍然像雾一般。杨走进一片白杨树林，开始在雪地上挖掘，终于，他发现了一种麒麟草。这种草都是向北生长的，虽然枯萎了，却还在热情地帮杨指明方向。

杨确定方向后，开始上路了。一旦他觉得前方的方向错了时，就马上挖那种可以代替指南针、像磁石一样的麒麟草，以此来辨别方向。他走了很久，终于走到下坡路，伯国河就在眼前。雪早已经停了，杨又花了一整天寻找公鹿的脚印，但仍一无所获。

又是一个寒冷的夜晚，杨蜷缩在一个避风的角落，仍旧希望自己身上能长出很多毛来抵御严寒。他的脸和脚趾都冻伤了，伤口像被火灼烧一样疼痛难忍。可天一亮，他又咬紧牙根，继续前进。他的心底好像有一个声音在告诉自己：“前进吧！胜利就在眼前！”

第二天，杨似乎受到什么东西的召唤，他东渡伯国河，到了一处没有树林的地方。他走了不到1000米，又看到了熟悉的、已经模糊的公鹿脚印，他不禁大喜过望，继续跟踪下去。

很快，杨找到了一个有6只鹿栖息的场所。那地方有一个特别大的凹槽，一定是鹿睡觉时留下的印痕。杨想：“除了那只公鹿，再没有谁能留下这么大的印痕了。”

杨走上前去，发现那个凹槽还没有结冰，看来鹿肯定离这儿不远。他走了不到100米，在雾气朦胧的丘陵地带，隐约看到有几只鹿正在那里。他又向前行进了一段路，发现一共有6只鹿，其中有几只正警惕地竖着耳朵倾听周围的动静，最醒目的是丘陵顶部那只高大的公鹿。没错，它就是沙丘公鹿！鹿群很快就发现了杨，杨还来不及瞄准射击，那些鹿就像风一样逃走了。

沙丘公鹿带着其他鹿又分两路逃走了。杨在后面一刻不停地追着，直到赶到伯国河的一个洼地才停下来，那里有一片茂密的白杨树林。杨感觉冥冥之中有什么在指示他："公鹿正躲在这里察看动静，它绝不会在这里休息。"于是他也躲了起来，密切关注着周围的情况。过了约半小时，公鹿出了白杨树林，跑向对面的山峰。

杨立即横穿山谷，迂回地攀爬过山峰，来到一处背风的山坡，并找到了公鹿的脚印。这时，公鹿已经登上了高峰，它看见杨正朝自己追过来，马上像风一样逃走了。公鹿很清楚自己的处境，在这危急关头，它一定不能轻率，所以它很快逃往新的地方。

杨现在才真正理解以前常听到的打猎秘诀，他深信猎物即使跑得再快，只要猎人有超凡的耐力，终究会是胜者。

杨现在仍然精力充沛，而公鹿每次跳跃的距离却变短了，这说明它已经很疲惫，如果这时能趁势追击，就一定会有收获。公鹿经常跳上白雪覆盖的丘陵顶部寻找杨的踪影，杨在跟踪公鹿的同时，也一直在想："公鹿到底在找什么？它又害怕什么呢？为什么我在追踪途中经常发现脚印突然中断呢？"这一连串的问题让他百思不得其解。

当公鹿的脚印中断时，杨必须返回原路继续寻找新脚印。但是，当他好不容易找到新脚印时，却发现那些脚印的距离又变大了。这是怎么回事呢？公鹿已经很疲惫了，怎么可能又加快速度呢？

黑夜慢慢笼罩着大地，杨一直想不通到底是怎么回事，只好停下来扎营，又独自度过了一个寒冷、极度煎熬的漫漫长夜。

第二天清晨，天快要亮时，杨醒了。他来到有公鹿之前留下脚印的地方，仔细地查看那些脚印后，恍然大悟。原来，公鹿沿着自己的旧脚印往回跑了一段路，然后跳到了旁边。毫不知情的杨就这样继续追踪旧脚印，白白跑了很多路。这种伎俩公鹿一共用了3次。

公鹿沿着脚印回到白杨树林后，就在那里静静地躺着。杨既然要追踪脚印，就一定会从树林边缘经过，这样，公鹿就可以在杨还没靠近它之前，闻到他的气味，听到他的脚步声，然后快速逃走。

可是杨从公鹿的旧脚印中，还是能隐约看到新的脚印。那些脚印表明沙丘公鹿已经精疲力竭。

的确，公鹿在杨的穷追不舍下，早已经累得吃不下、睡不着，整天担惊受怕。

七

最后一次惊心动魄的追捕又开始了。

惊魂未定的沙丘公鹿和杨又回到了熟悉的地方——四周都是沼泽的森林。

森林有3个入口，公鹿从其中一个入口进了森林。杨知道公鹿不会轻易出森林，就轻手轻脚地向背风的第二个入口走去。他找了一个地方，将上衣和肩带挂在了树枝上，然后迅速地跑到第三个入口，在那里守着。

杨等了一段时间，发现一点儿动静也没有。于是，他压低声音学起了松鸦的叫声。松鸦的叫声就像是警报一样，公鹿一旦听到松鸦的叫声，就会提高警惕，随时准备逃走。

杨又等了一会儿，终于发现了远处公鹿的身影：它在一片茂密的树林里，摇动着耳朵，像是想登到高处，去找敌人的踪影。杨低声吹了一个口哨，公鹿听到口哨声后，不再动了。杨想找一个合适的地方再开枪射击，但公鹿离他太远了，浓密的树枝掩护着公鹿，他一时无法下手。

过了一会儿，公鹿背着杨停下了脚步，翕动着鼻子，在闻四周的气味。它还望了望刚才进森林时的那条路，因为杨曾在这条路上追过它。然而，公鹿做梦也没想到，杨正在它要前进的路上守候着。不久，不知从哪儿吹来一阵微风，刮得杨吊在树枝上的上衣“扑扑”地响。

公鹿走下丘陵，穿过茂密的森林，既不跑，也没有发出任何声响，像鼬鼠一样慢慢地走着。

杨在森林的另一个出口蹲着，屏住气息凝听着周围的动静。突然，他听到从森林那边传来小树枝折断的声音。他紧张到了极点，马上举着枪缓慢地站起来。在离他几米外的地方，有什么东西也站了起来。那如青铜和象牙雕塑成的一对角、高傲的头、美丽的躯体，不是沙丘公鹿又是谁？

杨和沙丘公鹿从来没有相距如此之近。只要他扣动扳机，公鹿的生命随时都可能结束。然而公鹿毫不畏惧，它站着一动不动，一对大大的耳朵高耸着，两眼满含悲愤，逼视着杨。

杨感到浑身被公鹿盯得不舒服，他放下了枪。过了一会儿，杨觉得稍微有点放松了，心里一个劲儿地骂自己：“傻瓜，开枪啊！现在机会难得，不然你多日的心血就白费了。”杨的心里进行着激烈的斗争，从前追捕公鹿的一幕幕像放电影一样浮现在脑海中。

杨想起那天深夜，他在甘乃迪平原被狼群包围时的恐惧心情，也想起另一个夜晚，同伴达夫杀母鹿时血腥的情景。而此刻，母鹿临死前那绝望的神情清晰地闪现在他眼前，母鹿似乎在追问他：

“我到底做了什么得罪你们的事，你们要残忍地杀害我？”

杨的心情一下变得很低落，当他和公鹿的眼神相遇的瞬间，那种急切地想杀死公鹿的念头突然消失了。他做不到在公鹿愤怒地注视他时杀了它。此时，另一种从未有过的想法在慢慢地滋生，这种想法他从前也许有过，但很快被其他想法代替了。

杨在内心赞美公鹿：“你是多么高贵、美丽的动物呀！人们说过，‘身体是心灵的外表’，相信你的内心一定也很美。虽然过去你把我当敌人，但现在不一样了。现在，我们站在宁静的大地上，这么近距离地感受彼此的气息，平等地对峙着。虽然我们无法读懂彼此的内心，但我们的感受是一样的。

“我从未像现在这样理解你，难道你也理解我的心情吗？不然，为什么当你明白自己的生命掌控在我手里时，你一点儿也不害怕？

“我曾听过一个关于鹿的故事：一只鹿被凶残的猎狗追到无路可退时，竟然向跟在后面的猎人求救，而猎人真的救了鹿……现在，你也想向我求救吗？

“是的，你真是聪慧、有灵性的动物。你知道我不会伤害你，因为我们是兄弟。你是我长着美丽犄角的弟弟，我是年长你几岁、身体比你强壮的哥哥，我要守护你，不让你受到任何伤害。

“你走吧！只管放心地走吧！过去我把追踪你当作生命中最有趣的事，但以后不会了。我比你年长，知道很多你不知晓的人类的肮脏想法，而你拥有强大的精神力量，让我重新审视自己。你走吧！你再也不用怕我了。

“可能我们不会再见面了，即使重逢，我那残忍好杀的心理也会消失得无影无踪。可爱的动物，走吧，回到你的天地去吧！愿你永远过着自由自在的生活。”

泉原狐

[加拿大] 欧内斯特·汤普森·西顿

一

最近一个多月，我家的母鸡一只接一只地神秘失踪了。于是，当我回到家时，叔叔便让我调查这件事。

原因很快就找到了。母鸡都是在回鸡舍或离开时被偷走的。这绝不是过路人所为。它们也不是在栖息的高处被捉去的，这也证实了它们并不是被猫头鹰捉走的。而且，附近也没有发现它们被吃剩下的骨头，于是黄鼠狼或水貂的嫌疑也被排除了。这么一来，我认定，一定是狐狸干的！

我开始在河对岸的森林里仔细搜寻。在河的下游，我发现了几只狐狸的脚印及一根羽毛，它是从我们家的鸡身上掉落下来的。为了再找到些线索，我向岸边更高的地方爬去。

这时，我居高临下目睹了这一幕：浅滩中央有一只狐狸，它的嘴里叼着一只母鸡。乌鸦们在狐狸的头顶上飞来飞去，它们这是在玩“贼喊捉贼”的游戏。

狐狸想要带着母鸡返回家中，必须要过这条河，但是这样它就把自己暴露在一群乌鸦的正面进攻之下。如果不是我参与了截击，它本可以带着猎物过河的，这时却不得不丢下母鸡逃进森林里去了。我朝母鸡走过去，它还在喘着气呢。

这么有规律地搬运食物，只能说明一个问题——它的家里还有一群小狐狸。现在我要找到狐狸的老窝，最好是能抓住那些小狐狸。一旦有了小狐狸做诱饵，再想抓到它们的父母就容易多了。

那天傍晚，我带着我的猎狗兰格出发，过河后进入了森林。我们走了一会儿，就听到附近山谷里传来了狐狸尖厉的叫声。兰格反应很快，马上就朝那个方向飞奔而去。尖叫声很快消失在了远处的高地上。大约过了1小时，兰格回来了。它又累又热，张着嘴大口喘气。那是8月酷热的天气，它躺在了我的脚下。

突然，刚才的叫声又从不远处传来，于是兰格又跳起来再次追赶。兰格的叫声越来越远，最终消失在了黑暗里。它们一定跑到几英里以外的地方去了。因为我把耳朵紧贴在地面上，却什么也没听见，而兰格即便跑到1英里之外，我也能听见它发出的叫声。

过了很久，突然传来了兰格低沉、粗重的呼吸声。它已经累得一点力气都没有了，舌头耷拉着，几乎碰到了地面上。不一会儿，它停止了喘息，在我手心上顺从地舔了一下，然后慢慢地躺了下来。

可是，狐狸的叫声又从几英里外传来！我终于想明白了，原来我要寻找的那个家——小狐狸的巢穴就在这附近，而两只老狐狸为了让我们离开这里，竟然不断地用叫声来引开我们。

这时天色已晚，于是我带着兰格回家了。我想问题就要解决了。

二

这里的人早就知道附近住着一只老狐狸和它的家人，只是没想到它们住得这么近。这只狐狸被人们称作“刀疤脸”，这是因为在它脸上有一道从眼角到耳根的大伤疤。大家猜想：有一次它在追赶兔子时，不幸撞到了装着倒刺的护栏上。现在伤口已经愈合了，顺着伤口长出了白毛，变成了一道突出的记号。

去年冬天我曾见过它。那是雪后，我正在户外打猎。我穿过空地，来到了长满灌木的山谷边缘。这时，我看到远处有一只狐狸从我身边快步跑过。我立即装作没看见，甚至连头都不敢转动，唯恐惊动它。直到它在谷底的灌木丛中消失，我才快速朝下跑去，想在灌木丛的另一头截住它。可是狐狸却没有出现，于是我开始四处搜寻。

从狐狸留下的脚印可以看出，它的确进了灌木丛，但在那之后，它又从灌木丛里跑了出来。我顺着脚印抬头一看——“刀疤脸”正蹲坐在远处看着我，它龇着牙显得非常快活。

原来，在我看到它时，它已经看见了我。但是，它也像一个专业的猎手一样，装作不知道。此刻它看着我，像是在说：“瞧你那笨样儿！”然后它就拼命地逃掉了。

春天的时候，我又一次领教了“刀疤脸”的狡猾。当时，我和一个朋友正在牧场散步，路上有几块大石头。走到近处时，我的朋友指着其中一块说：“你看，那块石头多像一只蜷着的狐狸。”

但我没看出来，于是我们继续向前走去。可没走几步，一阵风吹到这块石头上，就像吹到动物的皮毛上。“要我看，它就是一只狐狸，它正在睡觉！”朋友说。

“那我们过去看看。”我转身向那块石头走去。突然，“石头”跳起来一溜烟就跑了，那正是“刀疤脸”！

牧场中央曾经发生过一场火灾，留下了一条烧过的黑色地带。“刀疤脸”迅速跑过这个地方，钻进了未被烧过的黄色草丛中。它趴在那里，躲过了我们的视线。它一直注视着我们，只要我们还在这条路上，它就一动不动地待在原地。这件事的奇妙之处在于它知道自己跟那圆圆的石头和枯黄的草非常像，并且利用这一点隐蔽自己。“刀疤脸”实在是太聪明了！

不久之后，我们发现“刀疤脸”和它的妻子维克森在树林里安了家，并把我们的谷场当成它们的粮食基地。

一天早晨，我们在松林里搜索了一次，发现了一个就在最近几个月里堆起来的大土堆。这一定是狐狸挖洞的结果，可我们却一个洞也没找到。人们都知道，真正聪明的狐狸在挖掘新洞的时候，总是先挖好一个洞，然后把里面的泥土统统运出来，再挖一条通向远处灌木丛的地道。最后再把第一个挖好的、非常显眼的洞口永远地封闭起来，只使用掩藏在灌木丛里的入口。

我在一座小土堆的另一侧继续找了一会儿，很快找到了真正的洞口，并且还有充分的证据证明洞里一定有一窝小狐狸。

在土坡旁边的灌木丛中，耸立着一棵空心的椴树。树干倾斜得厉害，它的底部有个大洞，上头有个小洞。男孩子们常用这棵树来玩各种游戏，在树洞内壁上刻出一格格的阶梯，有了它们，就可以自如地爬上爬下了。现在它们正好派上了用场。

第二天，在温暖的阳光照耀下，我就跑到那里去守望了。在树顶的枝条间，我很快就看到了住在旁边地洞里的这个有趣的家庭。

这个家庭一共有4只小狐狸，它们浑身长满毛茸茸的外皮，4条小腿儿又长又壮实，带着天真的表情，这使它们看起来很不平常，活像小羔羊。但是只要再看一眼它们那尖鼻细眼的宽脸儿，你就会发现，这些天真的小家伙们都有老谋深算的老狐狸的特征。

小狐狸在四周玩耍或者晒太阳，有时还相互扭打着玩儿。后来它们听见一阵轻微的响声，就迅速钻进洞里了。然而这样的惊慌是多余的，因为这是它们的妈妈——维克森的声音。维克森穿过灌木丛，又带来了一只母鸡——我记得，这已经是第17只了。维克森轻轻地叫了一声，小家伙们便连滚带爬地从洞里奔了出来。接下来上演的一幕在我看来非常动人，但是我叔叔见了一定不会喜欢。

它们一下子冲到那只母鸡身上，与母鸡撕扯争打。它们的母亲一面警惕地守望着敌人，一面愉快地注视着自己的孩子。它面部的表情是很奇特的，它快活地笑着，可笑容里仍保留着固有的凶蛮和狡猾，它的残暴和勇敢也丝毫不减。不过最为突出的，还是那种一目了然的母爱和骄傲感。

这棵椴树的根部隐蔽在灌木丛里，比狐狸洞所在的小山要低许多，因此我可以来去自如，一点也不会吓着这些狐狸。

我这样观察了好些天，看到了很多小狐狸受训的情形。它们很早就学会了一听见陌生的响动，就马上停止一切动作，变成一动不动的小雕塑；当再次听到这种声响或发现令人恐惧的其他声响时，就立刻躲藏起来。

有些动物的母爱如此强烈，它传播开来，甚至使不相干的人也受到感染。但是，老维克森看来并不是这样。它从幼崽身上得到的快乐可以制造出最精致的残酷。它常常把活老鼠和小鸟逮回家来，并且不使它们受过重的伤害，为的是让小狐狸更长久地折磨猎物。

山上的果园里有一只土拨鼠，它长得并不漂亮，也不太有趣，可它懂得照顾自己。它在一棵老松树桩的根部挖了一个洞，这样狐狸就不能从地底下把它逮出来了。

不过，土拨鼠有自己的生活方式，它们是不大劳动的。它们认为，智慧要比辛苦劳作更有意义。每天早晨，这只土拨鼠通常都要躺在树桩上晒太阳。如果看见狐狸来了，它就跳下树桩，回到洞口里。要是敌人离得太近，它就钻进洞里面去，直到危险过了再出来。

有天早晨，维克森和“刀疤脸”觉得，小家伙们还没有捉过活的食物，而那只果园里的土拨鼠正是它们实战演习的好对象。于是它们朝果园的围栏走去，不让那只躺在树桩上的土拨鼠看见。

接着，“刀疤脸”明目张胆地走进果园，在距离树桩一段距离的地方悄悄走过。在这段时间当中，它一次也没有回头望过，绝不让始终保持警惕的土拨鼠知道自己受到了监视。

“刀疤脸”走进园子的时候，那只土拨鼠便悄悄地从树桩上跳下来，来到洞穴的入口。它在等狐狸离开，但觉得还是更明智一点比较保险，于是又钻进了洞里。

对狐狸来讲，这正是求之不得的事。维克森一直躲在果园外边，这时它迅速地向树桩跑过去，在它后面躲了起来。“刀疤脸”还是慢吞吞地往前走。土拨鼠刚才并未受到惊吓，因此不一会儿就又从树根间探出头来，向四周窥探。等到狐狸的身影不见了，它的胆子才大起来，又爬上了树桩。可是，说时迟那时快，维克森跳起来一把抓住了它，并且狠命地把它甩来甩去，一直弄到它失去知觉才罢休。“刀疤脸”一直斜着眼注视着背后的动静，这时它跑了过来。但是维克森用嘴叼起土拨鼠往家里跑去，“刀疤脸”明白，没它什么事了。

维克森一面往回跑，一面小心翼翼地衔着那只土拨鼠，所以等它到家的时候，土拨鼠还能略微挣扎一下。维克森朝洞口低低地“呜”了一声，小家伙们便飞快地涌了出来。维克森把受伤的土拨鼠朝它们一扔，它们便像4个小疯子一样扑了上去，喉咙里发出细声细气的咆哮，小嘴使出全部的力气，狠命地咬着。

可是，为了求生土拨鼠拼命抵抗着，它一边把小家伙们赶走，一边慢慢地向灌木丛爬去。于是维克森跳起来，再次把土拨鼠拖回到空地上交给小狐狸们。它们一次又一次地重复这野蛮的游戏，直到其中一只小家伙被狠狠地咬了一口，痛得哇哇直叫的时候，维克森才跳起来咬死了土拨鼠。之后，小家伙们把这只土拨鼠吃掉了。

离狐狸洞不远的地方，有一块长满野草的洼地，这里是一群田鼠的游戏场所。就是在这块离家不远的洼地上，小家伙们要接受森林知识的第一堂课。它们在这里第一次学到捕捉田鼠的知识，在所有的捕猎活动中，这也是最容易的。上课的时候，老狐狸依靠本能做出榜样是非常重要的事情。老狐狸常常用一两种手势，意思是“趴着别动，看我怎么做！”“过来，照我的样子做！”等。

在一个无风的夜晚，这快活的一家来到了洼地。维克森叫孩子们静静地卧在草地里。突然，远处传来了轻微的吱吱声，这表示猎物已经开始活动了。

维克森站起身来，踮着脚走进草地——它没有俯下身子，而是尽量直立起身体，有时用后腿支撑身体，以便看得更清楚些。田鼠的跑动是在乱草下进行的。要知道田鼠的行踪，唯一的方法就是观察微微摇动的野草。所以，只有在无风的日子才能逮到它们。

捉田鼠的技巧，关键在于要摸清它所在的位置，看清它之前就逮住它。不一会儿，维克森纵身一跳，在一簇干草中央抓住了一只田鼠，它只叫唤了一下就不再出声了。

维克森很快就把这只田鼠吃掉了。那4只笨手笨脚的小家伙，也学着妈妈的样子干了起来。后来，最大的那只小狐狸终于平生第一次逮住了一只田鼠。它高兴得直打哆嗦，带着与生俱来的野性，急迫地把珍珠似的小白牙咬入了田鼠的肉里。这一定也使它自己感到了惊奇。

下一节课是捕松鼠。有一只松鼠住在它们附近，它待在安稳的树枝上，常常把白天的一部分时间用在咒骂狐狸上。一天，维克森先把孩子们隐蔽好，然后躺到了空地中央。那只冒失又无理的松鼠跑了过来，照例像往常一样破口大骂。可是，维克森动也不动。

后来松鼠又跑近了些，最后竟然跑到维克森头顶的树枝上，喋喋不休地骂道："你这个畜生，你这个畜生！"然而维克森像断了气似的躺在那儿，还是一动不动。

小松鼠这下可弄糊涂了，于是它爬下树干，环视着四周，然后一个冲锋穿过草地，爬到另一棵树上。到了安全的高处，它又骂了起来："你这个畜生，你这个窝囊废、丑八怪！"

然而维克森仍然平躺在那儿，连气儿都不喘一下。这种场面对松鼠来说实在太诱人了。它天生就好奇，又喜欢冒险，于是它快步跑到空地上，距离狐狸更近了。维克森还是直挺挺地躺在空地上，连躲在一旁的小狐狸们也有些担心："妈妈到底怎么了？"

但是疯狂的好奇心驱使松鼠又靠近了一点。它扔下一块树皮打在维克森的头上，用尽了骂人的字眼，可依旧没有激起一点生命的迹象。最后，松鼠壮大胆子来到距离狐狸几米远的地方，这时维克森突然跳起来将它抓住了！

这就是小狐狸的基础教育。后来随着它们越来越强壮，就被带到更远的地方，去学习辨别脚印和气味的高级课程。

老狐狸教给小狐狸捕捉各种动物的办法，因为每一种动物都具有某种特长，否则它们就没法存活；同时，它们也都具有一定的弱点，否则别的动物就没法生存。松鼠的弱点就在于它那愚蠢的好奇心，而狐狸的弱点是不会爬树。小狐狸受训的目的，就是要学会利用别人的弱点，发挥自己诡计多端的长处，来弥补自己的不足。

小狐狸们从父母那里学到了狐狸世界的一些重要原则。它们是怎样学到的，这很难说明白。不过有一点很清楚，就是所有这些原则，都是在它们父母的陪伴下学会的。我虽然没有跟狐狸说过一句话，可我还是向它们学会了下面的几项原则：

①千万别在自己走过的直路上睡觉。②鼻子就在自己眼前，所以首先要相信它。③只有傻子才顺风奔跑。④如果有遮挡的地方，就绝不待在空地上。⑤能走弯路就走弯路，绝不留下直线的行踪。⑥凡是陌生的，就一定有危险。⑦灰尘和水可以消除气味。⑧绝不在有兔子的树林里逮田鼠，不在养鸡场上猎兔子。⑨避免接近草地。

对于这些原则的意义，小家伙们早已深入脑中了。它们懂得，“绝不追赶自己嗅不出气味的东西”是明智的。因为如果自己嗅不出对方的气味，那么风一定能叫对方嗅到你的气味。

就这样，小狐狸一样样地学会了树林里的野兽的知识。

有一天晚上，狐狸妈妈把它们带到一块田地上，地上平摊着一个奇形怪状的黑色物体。狐狸妈妈是有意带它们来闻这个东西的。可是，它们只那么轻轻一嗅，就吓得直打哆嗦，浑身汗毛都竖了起来。它们不知为什么——这似乎使它们本能地产生一种厌恶和恐惧。狐狸妈妈觉得带孩子们来这儿已经达到了预期效果，就告诉它们：“这是人的气味！”

三

母鸡失踪的事情还在继续发生，可我并没有把发现小狐狸洞的事讲出来。的确，我替这些小坏蛋着想的要比母鸡多得多。但是叔叔非常气愤，他用轻蔑的口气谈论我的林中狩猎活动。

有一天，为了让他高兴，我把猎狗带进森林，在空旷的山坡上

找了一个树桩坐了下来。我命令猎狗继续前进。不到3分钟，它就用一种所有猎人都熟悉的声调，大声叫喊起来："狐狸！狐狸！狐狸！就在那边的山谷里！"

过了一会儿，我听见猎狗和狐狸都回来了。接着，我看见"刀疤脸"轻巧地穿过河滩，朝河水跑去。它跑入水里，在靠近河边的浅滩上飞奔了200米，然后爬上河岸，径直朝我的方向走来。

我坐的地方虽然非常空旷，可它并没有看见我，自顾自地向山上走来，不时回头观察着猎狗的动静。在离我不到10米远的地方，它突然转过身子，背朝我坐了下来，脖子伸得长长的，对于猎狗的行动显得十分关切。兰格一边叫，一边追踪狐狸的脚印来到河边。可是河水把狐狸的气味冲洗掉了，使它迷失了方向。事到如今，它唯一能做的就是在河岸反复侦察，找出狐狸离开河水的地方。

为了看得清楚些，坐在我面前的"刀疤脸"稍稍移动了一下位置，带着最具人性的好奇注视着那只东兜西转的猎狗。它离我这么近，以至于当兰格出现在我们视线里的时候，我看见"刀疤脸"肩部的毛发微微地竖了起来。我甚至还能听见它心脏的跳动，以及它黄眼珠的闪光。

这时，兰格被河水完全弄迷惑了，那副样子看上去的确好笑。"刀疤脸"无法安静地坐着了，它快活地上下摇晃，有时甚至踮起后脚，以便清楚地看到那只动作笨拙的猎狗。虽然不是在嗅猎物，它的嘴巴却张得很大，几乎咧到耳根了。它重重地抽动了一阵子，或者说它痛快地大笑了一阵："哈哈！我把它骗了！"

兰格花了好长时间，才找到狐狸的脚印，可是这时候脚印已经变得模糊不清，勉强才能跟踪得到。兰格甚至觉得根本没有必要对着这些脚印大叫了。

等猎狗向小山这边走来时，老狐狸悄悄地溜进了树林。我在离“刀疤脸”不过10米远的空旷地方，坐着看得清清楚楚。我在逆风的时候，一动也没动。狐狸永远不会知道在这20分钟里，它的生命一直掌握在一个它最恐惧的人的手里。

兰格呢，跟“刀疤脸”一样，也像狐狸那样从我身边走过去了，但我叫住了它。它受到了一点惊吓，随后就放弃了追逐，带着一副难为情的样子，在我的脚边躺了下来。

四

母鸡还在继续丢失。叔叔非常生气，他决意要亲自跟偷鸡贼决一死战。他在树林里撒下毒饵，冒着我们的猎狗也可能会吃到的风险。他一再鄙视我过去这些天在森林里的所作所为。每到傍晚，他就带上一支枪和两只猎狗，出去寻找敌人。

维克森对毒饵了解得一清二楚，它要么绕过毒饵，要么走上前去十分轻蔑地看看。但它把其中的一块扔到了它的老对头土拨鼠的洞里，打那以后，这只土拨鼠就不再露面了。

过去，总是“刀疤脸”时刻监视着那些猎狗，不让它们带来什么祸害。但是现在，维克森得挑起保护一家人的重担。它再不能花时间清除每一条通往狐狸洞的踪迹，也不能在遇上那些接近巢穴的敌人时，次次都把它们引向他处。

事情既然已经这样了，结局是不难预料的。兰格跟踪一条新鲜的足迹，来到了狐狸洞口。同时，另一只名叫“斯波特”的猎狐犬发现了洞里的狐狸，然后拼命想进洞去逮它们。

现在秘密已经全部揭穿，这一窝狐狸应该要完蛋了。叔叔雇来的那个人，带着十字锹和铲了来挖洞。我们和那两只猎狗站在旁边看着。不一会儿，狐狸维克森就在附近的林子里出现了，它把那两只猎狗引到远处的河边上，一到它觉得是适当的时机，就使了个简便的法子，跳到一只羊背上，摆脱了猎狗。

等那只吓坏了的羊跑了几百米以后，维克森才跳下来，再跑向狐狸洞。因为它知道，它的足迹已经被拖了一大段，猎狗没办法嗅出来了。那两只猎狗发觉足迹已经中断，不能继续追寻下去时，便马上跑了回来。但是维克森已经先到一步，这会儿正绝望地在四周徘徊，白费力气地想把我们从它的孩子那儿岔引开去。

这时候，叔叔雇来的那个柏迪，正在使劲地挥舞着十字锹和铲子，成绩已经相当不错了。夹杂着沙砾的黄土，在洞口两边越堆越高，柏迪结实的肩膀已经被地面遮没了。挖了1小时以后，老狐狸维克森还在附近的林子里徘徊，两只猎狗发疯似的朝它猛冲过去。就在这时，柏迪兴奋地叫了起来："先生，它们在这里！"

那4只毛茸茸的小狐狸，正躲在狐狸洞的角落里，拼命地往后面缩着。我还没来得及阻止，柏迪就狠狠地一铲子打下去，小狐狸一下子就死了3只。第四只，是那只最小的，被我提着尾巴高高地拎了起来，才没被横冲直撞的猎狗弄死。

小家伙发出短促的吱吱声，它那可怜的妈妈维克森被它的叫声引了过来。它左右徘徊，离我们很近，要不是有两只猎狗挡在中间——它们好像总是挡在中间，凑巧给它作了掩护，它早就挨上枪子儿了。可是现在，它又把两只猎狗逗引过去，作了一次毫无结果的追逐。剩下来的那只活着的小狐狸，被扔进一只口袋里，它在里面很安静。它不幸的哥哥们被扔回它们的育儿室床上，被柏迪用几铲黄土埋掉了。

我们回到家不久，就用链条把小狐狸拴在了谷场上。谁也说不出为什么单单叫它活着，可是我们相互会意地这么做了，无论谁都没有弄死它的念头。

我们给小狐狸取了个名字，叫作梯普。梯普是个漂亮的小家伙，样子有些像狐狸和羊的混血体。它那毛茸茸的模样跟小羊出奇的像，也是一副天真无邪的面孔。可是只要瞧瞧它的黄眼睛，就可以看到一股狡黠凶蛮的光芒，跟小羊的神情又是那么的不同。

只要有人待在附近，小狐狸就总是愁眉苦脸、战战兢兢地蜷缩在它的木箱子里。要是它独自待在那里，也得足足1小时以后，才敢向外张望。

现在我观察狐狸，用不着再钻到空心的椴树里，只要从窗口向外望望就行了。谷场上的一些母鸡在小狐狸身边游荡，它对这些鸡早就相当熟悉了。

那天下午稍晚的时候，母鸡们正在小狐狸附近漫无目的地游荡着，那根拴狐狸的链条突然刷拉一响，小狐狸跃起来朝它最近的鸡猛扑过去，要不是链条猛地一下勒住了它，那只鸡早就被它逮住了。它爬了起来，悄悄地溜回了箱子里。后来，它又做了几次逮母鸡的尝试。不过它每次都会算好活动的距离，只在链条的长度以内向鸡进攻，再也不让那根链条紧紧地勒痛它了。

到了夜晚，小家伙会变得非常不安。它悄悄地从箱子里爬出来，但是只要有一点儿风吹草动，就马上拖着链条溜回去。有时它使劲拉扯着链条，不时用前爪按住它，愤愤地啃咬。

但是有一次，它咬着咬着突然停了下来，似乎在倾听什么声音，接着又抬起它那黑黑的小鼻子，用颤抖的声音急促地叫了一声。

这种情形重复了一两次。每次叫过以后，它不是啃咬链条，就是焦急地跑来跑去。后来，回答的声音传来了，老狐狸在远处

“呀”地叫了一声。几分钟后，木头堆上出现了一个黑影儿。小家伙溜进箱子里，但是马上又跑了出来，带着一种狐狸所能表露的快乐迎接它的妈妈。

维克森像闪电一样飞快地咬住了小家伙，掉头就往它的来路上拖。可是，拖到链条拉得笔直的时候，小家伙被猛地从妈妈的嘴里拽了出来。这时，维克森被打开窗户的声音吓了一跳，逃回木头堆那边去了。

1小时以后，小狐狸停止了跑动和叫唤。我借着月光，偷偷地向外看去，看见狐狸妈妈的身影，它伸直身子躺在小家伙的旁边，嘴里在啃什么东西——我听到了一种铁器的喀嚓声，原来，它在啃那根无情的铁链条。而小家伙梯普呢，这时正忙着大吃大喝。

看见我出来，老狐狸迅速地逃进黑洞洞的林子里去了。在那只箱子旁边，放着两只小老鼠，血淋淋的，还有点热气，这是慈爱的狐狸妈妈给梯普带来的晚餐。第二天早晨，我发现链条上离小家伙脖子两米左右的地方，已经磨得雪亮了。

后来我走进树林，跑到被破坏的狐狸洞口的时候，又发现了维克森的痕迹。这只可怜的伤心欲绝的狐狸妈妈来过这儿，而且把孩子们浑身污泥的尸体全掘了出来。

地上横躺着3只小狐狸的尸体，身上都被舔得干干净净的。在它们旁边，还放着两只刚被弄死的我们家的母鸡。在新堆起来的泥土上，到处都印下了可以说明问题的痕迹——这些痕迹告诉我，它曾经在这些尸体旁边悲痛地守了很久很久。它像往常一样，把夜间猎捕来的东西，带到这儿来给它们吃。在这儿，它曾经平躺在它们身旁，徒劳地把天然的饮料喂给它们喝。它渴望能像过去那样，喂给它们吃，用身体温暖它们。但是它所看到的，只是几具盖着柔软绒毛的僵硬的尸体，它们冰凉的小鼻子没有一点动静和声息。

地上深深地印着维克森的肘部、胸膛和脚踝的痕迹。它曾经在这儿默默地躺着，长久地、悲伤地望着它们，怀着最强烈的母爱为孩子们哀泣。可是从这一天起，它就不再来这个狐狸洞了。现在它一定已经知道，它的这些孩子已经死了。

五

我们的俘虏梯普，是小狐狸当中最弱小的一个，现在成了维克森唯一的亲人。为了保护鸡，我们把猎狗全放了出来。叔叔吩咐过那些男雇工，一看见老狐狸就马上开枪射杀。他也这样叮嘱过我，可是我决定不与它碰面。我们把狐狸最喜爱而猎狗却碰也不碰的鸡头洒上了毒药，散放在树林里。

维克森只有在躲过种种危险，爬过木头堆，才能到达拴梯普的谷场上。但是它照样每夜都来照料它的孩子，把新弄死的母鸡和别的动物带给梯普吃。虽然它现在不等小狐狸发出抱怨的叫声就跑过来，但我还是一次又一次地看到了它。

逮住小狐狸的第二天晚上，我听见链条在嚓嚓作响，接着我就发现，老狐狸正在小家伙的窝边使劲挖洞呢。等挖到有它身体一半深的时候，它把铁链条松着的部分，收起来统统放进洞里埋上，再用土把洞填满。这时候，它以为已经成功地解除了链条的束缚，于是咬住梯普的脖子，全力朝木头堆那边冲去。可是，天哪！它这么一冲，结果只是叫小家伙又狠狠地被那链条猛勒了一下。可怜的小梯普，当它爬回箱子里的时候，竟伤心地哭了。

半小时以后，从猎狗那儿传来一阵狂吠声。接着，这种叫声径直朝远处树林里移去，我一听就知道它们又在追捕维克森了。它们一直往北，朝铁路的方向奔去，后来渐渐地听不到它们的动静了。第二天早晨，那些猎狗还没有回来。

我们不久就查明了原因。原来，狐狸对铁路的情况早就心里有数了，并且很快就想出了几种利用它的方法。其中一种方法就是被猎狗追赶的时候，趁火车就要开过之前，先在铁路上跑长长的一段距离。因为在铁器上留下的气味总是非常轻淡的，再加上火车轰隆隆地在上面开过，气味就完全消除了，而且猎狗也常有被火车头碾死的可能。另一种方法更有把握，不过做起来也更困难，那就是在跑得飞快的火车头前面，把猎狗一直带上一座高高的架桥，这样，它们就一定会让追上来的火车头碾得稀烂。

昨天晚上，维克森就是巧妙地施展了这种鬼手段。我们在铁路上发现了猎狗兰格血肉模糊的尸体，知道维克森已经报仇雪恨了。

当天夜里，在疲惫不堪的猎狗斯波特还没回家之前，维克森就又来到谷场上。这次它又弄死了一只母鸡给梯普，并且喘着气，伸直了身子躺在它身旁，让孩子解渴。在它看来，除了它带来的东西以外，梯普就没什么东西可吃了。正是这只母鸡使我叔叔知道了它夜间的光顾。

我的同情心完全在维克森这一边，但在阻止捕杀它的计划上，我无能为力。第三天晚上，我叔叔拿着枪，亲自看守了1小时。后来云朵遮住了月亮，天气冷起来了，他又想起别处还有要紧的事情要办，就让柏迪代替了他。

但是，寂静无声的夜晚使柏迪变得不安起来。1小时以后，“砰、砰”两声枪响告诉我们，那两颗子弹一定是白费了。

早晨我们又发现，维克森还是来过小家伙这儿的。到了第四天晚上，我发现叔叔又在亲自站岗，因为另一只母鸡又被偷走了。

天黑不久，我们听见一声枪响，维克森把带来的东西往地上一扔，撒腿就溜了。当天晚上，它又试着来了一次，引起了另一声枪响。可是到了第二天，亮堂堂的铁链告诉我们，昨晚它还是来过了，并且花了几小时时间，徒劳地想啃断那根可恨的铁链。

这种勇敢的精神和坚定不移的决心，如果没有赢得人们的尊敬，也一定得到了人们的宽恕。无论如何，那天晚上夜深人静的时候，这儿已经没人看守了。看守又有什么用呢？维克森已经被人用枪赶跑了3次，难道还会跑来喂它的孩子，救它的孩子吗？

它会不会再来呢？我一直在关注着结果。到了第5天晚上，在小家伙颤声地哀叫了一声之后，木头堆上面便出现了一个黑影儿，这回在旁边观察它们的只有我一个人。

维克森像个黑影儿一样跑了过来，待了一会儿，又无声无息地走掉了。梯普呢，一口咬住了它扔下来的食物，津津有味地吃了起来。可是，就在它吞咽的时候，一股剧痛刺透了它的全身，痛得它忍不住失声大叫起来。接着，小家伙又挣扎了一会儿，就躺在地上永远不动了。

维克森的母爱是强烈的。它非常清楚毒药的功力，也懂得毒饵的性能。可是，这次它扔给小家伙吃的是毒饵，结果小梯普死了。这究竟是怎么一回事，那就很难解释了。

当大地重新铺上皑皑白雪的时候，我们又在林子里做了一次搜捕。雪地告诉我们，维克森已经不在这片松树林里游荡了。我们只知道它离开了此地，但它到底上哪儿去了，谁也不清楚。

它可能去了某个远方的狩猎场，为了忘掉这些伤心的往事。也许，它像许多野生动物的妈妈那样，作为家庭中的最后一员，用对待孩子的方法结束了自己的生命。这样，它们一家又可以在一起了……

神秘岛

[法国] 儒勒·凡尔纳

“我们在上升吗？”

“不，正相反，我们在往下降！史密斯先生，我们离海面不到150米了！”

“把所有东西都扔下去！”

1865年3月23日下午4:00，辽阔的太平洋上空突然传来了这样的喊声。喊声源于一只被暴风拉扯着的氢气球，气球下的吊篮中有5名乘客和1只狗。

这场暴风从3月18日开始肆虐，给美洲、欧洲和亚洲等地区造成了严重灾害：树木被连根拔起，巨浪冲毁了堤岸，有些地方被吹成了平地，几千人因此而丧命。

在空中，这只氢气球被暴风卷进一股气流的旋涡中。一昼夜的时间就带着气球走了将近3200千米。由于海上的大雾和水汽，吊篮中的乘客并不知道他们身处的环境。

当他们意识到下方是波涛汹涌的汪洋时，才知道待在空中远比降落要安全得多。于是，几个人毫不犹豫地扔掉了很多物品，同时设法不让氢气漏出去。

3月24日早晨，暴风明显有了减弱的迹象。但就在这时，气球开始慢慢下降了。气囊愈伸愈长，到了中午，气球距离海面只有600米了。

乘客们感到了危机，只好把剩余的沉重物品扔了出去。乘客们心里都很明白，氢气已经不足了。可是，他们的脚下没有一处可供着陆的地方，只有惊涛骇浪。

随着天空渐渐放晴，他们终于看到了海岸线，大家七手八脚地把气球降落到了一座海岛上。但是，当几个人在海岛上登陆后，却发现同行的史密斯不见了，他一定是从气球上跳下来的时候被海浪冲走了。同时失踪的，还有史密斯的爱犬——托普。大家连忙四处寻找，可是怎么也找不到他们的踪迹。

这几位乘客是什么人呢？他们可不是什么气球飞行员，而是一群战俘。下面，我们来认识一下这几位英勇的战俘。

当时，正是美国南北战争的战火四处蔓延的时候。1865年2月，尤利斯·格兰特将军制订突袭计划攻占里士满，但没有成功，结果他的几个部下落到了敌人手里，他们被囚禁在了里士满城里。北方联邦参谋部的赛勒斯·史密斯就是其中一员。史密斯当时45岁上下，不仅是一位机智的军官，还是一位博学多才的工程师。

和史密斯关在一起的，还有《纽约先驱报》的通讯记者吉丁·史佩莱。他们一直在寻找机会逃跑。

在准备逃跑的过程中，史密斯遇到了昔日的仆人——纳布。虽然史密斯早就让纳布恢复了自由身，但这位黑人对史密斯竭尽忠诚。纳布听到主人被俘的消息后，就冒险潜入里士满，和主人待在了一起。

正巧这时，格兰特将军包围了里士满，因此被围的敌人就急于同南军取得联系。南军中，一个叫作约拿旦·福斯特的人建议利用氢气球越过包围线，把情报传递出去，总督很快批准了这一计划。气球预计在3月18日起航。但是就在当天，突然刮起了飓风，福斯特只好延期动身。

20日早晨，暴风更加猛烈了。这一天，一个陌生人突然找到史密斯，低声问："先生，你想离开里士满吗？"说话的人是水手潘克洛夫，他不到40岁，也被囚禁在里士满城内。

史密斯在确信对方是个诚实的人之后，便坦率地说："是的，你有什么办法吗？"

潘克洛夫说："我们可以利用那只气球，它闲在那儿，简直就是为我们预备的。"史密斯连连称妙。

第二天晚上，史密斯、潘克洛夫、纳布、史佩莱，还有潘克洛夫的朋友赫伯特，这5个意志坚定的人偷偷地坐进气球的吊篮里，准备利用这暴风雨天气逃出里士满。就在他们准备起飞的时候，史密斯的爱犬托普也跳到了吊篮里。

5天后，他们被暴风带到了汪洋大海之上，上演了最初那惊心动魄的一幕。

3月24日，着陆的4个人被抛弃在远离祖国9600千米的荒凉海岸上。而失踪的那个人，恰巧是他们的领袖——工程师史密斯！剩下的4个人一直找到天黑，但是始终没有发现史密斯和那只狗的踪影。当天晚上，他们在一个石窟里睡着了。

凌晨2:00左右，正在酣睡的潘克洛夫突然被史佩莱推醒了。"怎么回事？"潘克洛夫马上恢复了清醒。

"听，潘克洛夫，快听！" 史佩莱严肃地说，"我好像听见狗叫的声音了！”

潘克洛夫竖起耳朵听了一会儿，果然隐隐约约听到了狗的叫声。一定是托普！他们起身朝石窟的洞口冲去，只见洞外狂风暴雨，一团漆黑，而托普正在洞口狂吠不已。

他们跟着托普，找到了躺在海滩上的史密斯。史密斯已经昏过去了，大家七手八脚地把他抬回了石窟。经过仔细检查，他们发现史密斯的头上和身上一点伤痕也没有。“他还活着，或许明天就能醒过来了。”史佩莱说。

到了第二天，史密斯果然醒过来了，经过一段时间的休养，他渐渐地恢复了健康。他告诉大家，当风暴把他卷入海里时，托普为了救他，也跟着跳了下去。可是，他已经记不清自己落入海里以后的事情了。很明显，他是被人从海里救出来的，这说明海岛上还有别的人。

史密斯恢复体力后，便探查了整座岛屿的地形。他发现这座小岛是一座火山岛，岛上没有人类开拓过的迹象：没有一座房舍，没有一个渔场，没有一缕炊烟。总的来看，它就是一座位于太平洋上的荒凉的孤岛，而且从未有人来过这里。

他们确定了小岛的地势和形状，计算出了它的面积，并且弄清了岛上山脉与河流的分布状况。

他们随身带的物品都已经扔到海里了，虽然现在一无所有，但他们对目前的处境并不感到焦急，因为他们相信能够在这片土地上获得一切生活必需品。

小岛上的矿产资源和生物种类都很丰富，史密斯找到了铁矿、陶土、石灰石和煤等矿产，并用自己丰富的知识制造了一些简单的器具。为了纪念正在为美利坚合众国的统一而斗争的林肯，他们将小岛取名为“林肯岛”。

石窟里太拥挤了，于是他们找到了一个新住处。它隐藏在高大的花岗石壁后面，海水冲不到，雨水打不着。他们还给它取了个名字，叫“花岗石宫”。

经过一番改造和装饰，“花岗石宫”变成了安全而舒适的住所。他们在里面设置了5个面向海洋的房间，还建造了厨房、餐厅、卧室、会客室和大厅。此外，他们还在剩余的空间中建了走廊和仓库。不过，他们也没有放弃原来的那个石窟，史密斯计划把它改造成工作间。

在热火朝天地改造“花岗石宫”的同时，居民们也没有忘记解决食物的问题，因为寒冷的冬季就快到了。史佩莱和赫伯特被选举为食品采办员，他们每天都抽出几小时去打猎。

赫伯特还在一个湖的西南找到了一片天然的养兔场，那里草地潮湿，树木枝条摇曳，各种青草散发着阵阵芳香，其中不乏兔子喜爱的麝香草、香薄荷等。除了兔子以外，他们还圈养了猎到的驴、羊等牲畜。

在养兔场里，赫伯特还收集了一些迷迭香、薄荷、郭公草等具有医药用途的植物，“花岗石宫”的居民们对此表示非常欢迎。史佩莱则把各色植物装饰在窗子四周凸出的岩石上，让“花岗石宫”看起来更加赏心悦目。

经过一段时间的努力，他们已经渐渐地适应了荒岛上的生活，而且生活质量也得到了明显的改善。有一天，他们利用陷阱逮住了三只野猪。在吃烤野猪肉的时候，他们意外地发现，一只野猪的身上竟中了一颗子弹！

此时，他们已经在荒岛上生活7个月了。在这么长的时间里，他们始终没有看到一个陌生人，也没有发现一个陌生人的踪迹。因此，史密斯和他的同伴们都认为，他们是这座荒岛上仅有的居民。但是现在，这个结论被一颗小小的金属子弹推翻了。看来，有人开枪打了这只野猪，但是没有把它打死。

这颗子弹再次激发了他们的好奇心，但是经过一番寻找，他们却一无所获。后来，他们用不透水的桦树皮做成了一艘平底船，这样他们就可以划着船彻底搜查小岛了。

试航这天，小船载着岛上的居民们穿过海峡，到达了小岛的南端，沿着曲折的海岸继续航行。

不久，他们在一个岬角的海岸上发现了一堆黑色的物体。他们赶紧划了几桨，让平底船靠了岸。只见两只木桶半埋在沙里，中间紧紧绑着一只大箱子。这只木箱一定是依靠木桶的浮力漂浮在海面上，之后就在海滩搁浅了。

“看来，有船在荒岛上遇难了。”赫伯特说。他们仔细地观察了周围，但是没有找到其他的可疑物体。

大家打量着这只大得出奇的箱子。这是一只欧式木箱，关得很严，外面包裹着一张兽皮，并用铜钉钉在箱子上。

木桶被绳子缚在箱子的两边，绳结系得相当巧妙，潘克洛夫自豪地说，这结只有专业水手才系得出来。经过仔细观察，大家一致认为这只木箱落入水里的时间并不长。海水还没透进箱子里，里面的东西自然没有损坏。

潘克洛夫打开箱子，把里面的东西一样样地拿了出来。看到这些东西，大家兴奋地欢呼起来，因为里面不仅有枪支弹药，还有望远镜、指南针、照相器材等仪器，以及斧子、刨子、锛子、凿子等工具。此外，还有衣服、地图、书籍、器皿等很多实用的物品。他们喜出望外地带着箱子离开了。

他们绕过岬角，沿着河流向上游航行。途中，他们见到一棵松树上挂着一大块白布。原来，那是他们的热气球！大家连忙把气球完好无损地拿了下来，这真是喜从天降的收获！

冬季到来的时候，他们用羊毛和气球上的白布赶制了他们所需要的衣服。同时，他们也有了被单，这些被单顿时使“花岗石宫”的睡榻变成了舒适的床铺。除此以外，他们还制造了一批海豹皮靴。

转眼到了1866年，他们在荒岛上已经开拓了12平方米的田地，其余的部分为了照顾牲畜，还保留着草地。

居民们种了大量的野菜、菠菜、水芹、萝卜和芜菁。木材和煤炭也成车地拉来了。每外出一次，他们就会随时修整路面，道路在车轮的滚动下变得平坦光滑起来。

“花岗石宫”的食品室不断地从养兔场取得肉类。此外，潘克洛夫还做了几根钓丝，上面装着铁钩，他总能钓到美味的鳟鱼，海龟也时常会见到。炊事员纳布精通烹调，经常更换菜单。

他们利用箱子里的六分仪，测量了林肯岛的位置——西经150度30分，南纬34度57分。

大家在地图上找到了林肯岛的位置，发现这里离任何一个国家和知名岛屿都很远。不过令所有人没想到的是，在离林肯岛150千米远的地方有一座达抱岛。虽然不知道那里是否有人，但居民们还是决定去达抱岛探险。

路途遥远，必须造一艘相当大的船。如果不出意外，预计在10月，天气转暖时就可以启程了。

小岛上木材非常多，在水手潘克洛夫的指挥下，轮船造得很顺利。新船下水那天，居民们个个欢呼雀跃，潘克洛大更是兴奋异常。

现在，潘克洛夫继造船之后又有了一项非常重要的任务——调度指挥。在大家热烈的推崇下，他光荣地接受了“船长”称号。经过一番商讨，大家决定为这艘船起名为“乘风破浪”号。

“乘风破浪”号在水中行驶得非常快，轮船性能、状况良好，居民们感到非常满意。赫伯特站在船头上指示着方向，这时，他忽然大喊道：“向风行驶，潘克洛夫，向风行驶！”

“怎么回事？”潘克洛夫问，“有礁石吗？”

“等一会儿，”赫伯特说，“好像有个瓶子，再向右一些。”他一边说一边探着身子，把手伸到了水里，很快便捞上来一个瓶子。

史密斯把瓶子接过来，拔开软木塞，从里面拿出一张已经浸湿的纸来，上面写着：“一个遇难者……达抱岛：西经153度，南纬37度11分。”

“有人在达抱岛上遇难了！”潘克洛夫喊道，“离我们不过几百千米的路程！”经过商量，他们决定去达抱岛上救人。

第二天中午，他们到达了达抱岛。一行人下船走了4小时，几乎把海岛搜遍了，也没看到一个人影。就在他们准备回去的时候，赫伯特突然指着林子里的一团黑影叫道：“一栋房子！”

他们立即朝房子跑去。在苍茫的暮色中，勉强能看出这是一栋用木板钉成的房子，上面盖着一层厚厚的防雨布。他们在里面见到了一个奄奄一息的人。于是，他们将他带回了林肯岛。

在大家精心的照料下，那个人渐渐地恢复了健康，他用颤抖的声音讲述了自己的经历。

“1854年12月20日，属于苏格兰贵族格里那凡爵士的游船‘邓肯’号来到澳大利亚西海岸，在位于南纬37度线上的百努依角停船。船上有格里那凡爵士夫妇、一位英国陆军少校、一位法国地理学家和一对姐弟。这对姐弟是一年前沉没的商船‘不列颠尼亚’号船长格兰特的儿女。

“游艇到达澳大利亚的原因是这样的：6个月以前，‘邓肯’号的船长格里那凡爵士在海中发现了一个漂流瓶，里面装有信件，说‘不列颠尼亚’号遇险后，格兰特船长和两名水手幸存下来，流落在了一座荒岛上。

“信件上注明了荒岛在南纬37度，但经度被海水浸湿，无法辨认了。于是，格里那凡爵士决定，沿着南纬37度线前进，尽一切力量找回落难的格兰特船长和水手。

“1854年12月20日，他们来到百努依角，准备横穿大洋洲。离海岸几千米远的地方有一个爱尔兰人的农场，农场主热情招待了爵士一行人。

“爵士问他，附近是否曾有一艘名叫‘不列颠尼亚’号的船沉没。这时，一个名叫艾尔通的仆人突然走过来说，自己曾经是‘不列颠尼亚’号上的船员，在船触礁时和其他人冲散了。他信誓旦旦地说，船是在澳大利亚东海岸沉没的，船长一定是被土著人俘虏了。

“爵士相信艾尔通是个诚实的人，便请他做向导，沿37度线横穿澳大利亚大陆，同时命令大副汤姆·奥斯丁驾驶‘邓肯’号前往墨尔本等待调度。他们出发的那天是1854年12月23日。

“现在要说明的是，艾尔通其实是个叛徒，他的确是‘不列颠尼亚’号上的水手，但他企图煽动水手叛变，在1852年4月8日就被格兰特船长丢在了澳大利亚西海岸。‘不列颠尼亚’号遇险的事，是他在听格里那凡爵士说过之后才知道的。被抛弃后，艾尔通当上了一群逃犯的头目。他之所以告诉爵士船在东海岸遇险，是要把爵士一行人引入内陆，使他和他的游船分离，然后抢走‘邓肯’号，自己在太平洋上做海盗。”

那个人说到这儿，声音越发颤抖，他停了一会儿，继续说道：“然而没几天，那位法国地理学家就看穿了艾尔通的阴谋。于是格里那凡爵士立即派人捉住了他，并把他带回了‘邓肯’号。在‘邓肯’号上，艾尔通说出了他知道的关于格兰特船长的所有消息。

“‘邓肯’号继续前进，很快就来到了达抱岛，并且在那儿找到了格兰特船长和两名水手。最后，罪犯艾尔通被孤零零地留在这荒凉的小岛上。

“为了方便艾尔通居住，好心的格兰特船长还盖了一栋房屋供他居住。艾尔通并不缺武器、工具和种子，他要做的就是住在这里，在孤独中赎清自己的罪过。最后，他变成了你们所看到的这个样子！

“现在你们应该知道了，先生们，我就是那个艾尔通，一个浪子回头、悔过自新的人。”

从那以后，艾尔通就和史密斯他们住在一起了，林肯岛上又多了一名新成员。艾尔通兢兢业业地帮着他们看护牲畜，一心洗清以前的罪行。

有一天，赫伯特在冲洗照片的时候，发现底片的海平线上显现出一个看不清的小黑点。他又反复洗了几次，可怎么也洗不掉这个黑点。在好奇心的驱使下，他从望远镜上拧下一个倍数较大的放大镜，对准黑点看了起来。

突然，赫伯特大叫一声，几乎把放大镜扔在了地上。史密斯听到声音后立刻赶了过来。他拿起赫伯特手里的底片，又捡起放大镜来。史密斯仔细看了看，立刻抓起望远镜冲到窗口。他拿着望远镜慢慢地扫过海平面，将视线停在了要找的那一点上，然后兴奋地喊道：“一艘船！”

果然，在离林肯岛不远的大海上，停着一艘船！由于看不清船身，所以暂时无法确定船的航向。“这会不会是‘邓肯’号呢？”赫伯特突然问。

前面已经说过，“邓肯”号是爵士格里那凡的游船，它曾经把艾尔通遗弃在了达抱岛上，并承诺日后会接他回去。达抱岛与林肯岛的距离并不太远，如果那艘船是朝达抱岛驶去的，在林肯岛上也能看到。

艾尔通拿着望远镜仔细看了看，肯定地说：“这不是‘邓肯’号，这艘船上挂了一面黑旗，很有可能是海盗船。”

就在这时，船上发出一道亮光，同时传来一声炮响，接着从链孔里抛出几根长锚。原来，它真的是一艘海盗船！海盗们见到岛上有人，就开始为登陆抢劫做准备。史密斯和同伴们连忙拿起枪支，准备迎战。

艾尔通在探听消息的时候，得知这艘海盗船名叫“飞快”号，是海盗们从诺福克岛上夺来的，船上装载着武器、弹药、器皿和各种工具。

船长名叫鲍勃·哈维，是个臭名昭著的水手，也曾经是艾尔通在大洋洲的同伙。此外，船上的船员都是从诺福克岛上逃出来的罪犯。他们可是一群穷凶极恶的暴徒，抢劫过往船只，杀人放火，无恶不作。

很快，“飞快”号便向小岛发起了攻击，用炮火猛攻林肯岛。随后，几十个海盗跳下船，拿着滑膛枪冲到了小岛上。史密斯他们抵挡不住，只好躲到了“花岗石宫”里。

他们刚躲避好，就听到一声低沉的巨响突然从“飞快”号的方向传来，接着就是一片惨叫声。史密斯和伙伴们立刻跑到窗口观察情况，只见一股水柱锐不可当地把“飞快”号抛了起来，一下子把它冲成了两片，不到10秒钟，大船便载着海盗沉入了海中。

“船炸了！”赫伯特大喊。

“怎么回事？”史佩莱问，这个意外的结局使他呆在了原地。史密斯喃喃地说：“这下我们可以知道了……”

“可以知道什么？”赫伯特迫不及待地问。

“别着急，现在海盗们都被歼灭了，这可是天大的好事！”说完，史密斯催促着所有人来到了海滩上。

“飞快”号已经整个沉入了海里，他们只在海滩上捡到了几块水雷的碎片。这颗水雷帮助他们渡过了危机，但水雷到底是什么人布下的呢？

史密斯说：“我们不用再怀疑了，岛上肯定有一个神秘人。或许他和我们一样，也是遇难后来到这里的。我想，就是他把我从海里救上来的。我们试航的时候，他把那个箱子放到了海滩上，让我们得到了很多必需品。在海里布下水雷，炸毁海盗船的也是他。他一定是个很有才干的人，他为我们做了很多事，还屡次救了我们的命。我们一定要找到他，感谢他的救命之恩。”

为了庆祝抗击海盗的胜利，史密斯他们举办了一场篝火晚会。不久，他们又利用聪明才智，制造了一台电报机。

一天晚上，大家正在谈话时，餐厅的电报铃突然响了起来。6个岛上居民都在这里，会是谁发来的电报呢？大家你看着我，我看着你，几乎不敢相信自己的耳朵。史密斯大声说：“总算有答案了！”

是的！秘密总算要揭晓了！他们全都跑到了几天前竖起的电线杆旁边，并在第一根电线杆旁边的地面上发现了新的电线，它似乎穿过了森林，一直往西延伸。

居民们立刻沿着电线向前走去，他们攀上畜栏山谷和瀑布河河谷间的支脉，从最狭窄的地方跨过了瀑布河。电线有时架在树枝上，有时拖在地面上，引导着居民们。史密斯猜想神秘人的住处在山谷尽头，所以电线到那里应该就到头了。

然而事实截然相反。电线在山谷尽头并没有结束，而是沿着西南的支脉一路下降到贫瘠的高地。高地的尽头是一块奇形怪状的玄武岩峭壁，居民们不得不时常弯下腰来摸着电线前进。

现在能确定的是，电线直通大海！

史密斯说："现在正在涨潮，等到退潮的时候，路就会出现了。"果然不出他所料，当潮水退下去以后，海滩上出现了一艘潜水艇，一道强光透过厚厚的玻璃射了出来。他们登上了潜水艇，从一个敞开的舱口钻了进去。舱口的尽头有一扇门，史密斯走上去，把门打开了。

门里面是一间富丽堂皇的屋子。居民们迅速穿过房间，走进了隔壁的书房，书房的天花板非常明亮，从上面泻下一片光辉。书房尽头的门很宽敞，也是关着的。史密斯打开了门，一间宽敞的大厅展现在了所有人面前。它如同一座博物馆，陈列着各种珍贵的矿物制成品、艺术品和工业品。

一个人躺在华贵的沙发上，似乎没有察觉到有人进来。"尼摩船长，是您叫我们吗？"史密斯开口道，"我们来了。"

那人听到声音后站了起来。灯光照在他的脸上，使他看上去严肃庄重。他的胡子雪白，头发垂至肩膀，目光炯炯有神。原来，他就是《海底两万里》中的神奇主人公——尼摩船长。

尼摩船长曾在太平洋的一座荒岛上建立了造船厂，并设计建造了一艘潜水艇。他利用海水发电，由此为潜水艇提供动力、电力和取暖方面的需要。

尼摩船长把潜水艇命名为“鹦鹉螺”号，他总是神不知鬼不觉地在海底出没，帮助那些遇难的海员们。到了晚年，尼摩船长把“鹦鹉螺”号开进了林肯岛海底下的一个石洞，想在这里安静地过完自己的余生。

就在这时，尼摩船长无意中看到了乘坐气球从天而降的居民们。他穿着潜水衣在海底行走，恰好赶上史密斯掉下海来。在同情心的驱使下，尼摩船长救起了工程师……

船长讲完了这一切，史密斯代表伙伴们向这位慷慨的义士致谢。尼摩船长用慈爱的目光看着他们说：“先生们，你们既诚实又勇敢。我常常观察你们的行为，由于你们的努力，这座荒岛改变了面貌，你们是岛上真正的主人！过去我尊重你们，现在仍是！”

随后，尼摩船长送给他们一箱珍宝，让他们尽快回到家乡。

史密斯他们加快速度打造巨型轮船。可是没等轮船造好，岛上的火山就爆发了。炙热的岩浆沿着河谷流下来，眼看就要切断畜栏和“花岗石宫”之间的路了。

由于地面倾斜，岩浆以非常快的速度向东流去，所到之处，森林燃烧，浓烟滚滚。很快，海水就漫上了林肯岛。史密斯和伙伴们连忙跑到了一块巨大的礁石上，这是一块孤立的岩石，9米长，6米宽，高出水面几乎还不到3米——这是唯一一块没被海水淹没的土地。

史密斯和伙伴们看着越涨越高的海水，心想，这下他们死定了！就在这危急时刻，海平面上突然冒出一个黑点——原来礁石附近来了一只船！它不是漫无目标的，而是开足马力，朝着礁石驶来。“‘邓肯’号！”艾尔通欢呼道。

这的确是“邓肯”号——格里那凡爵士的游船。艾尔通在达抱岛赎罪满12年了，现在，格兰特船长的儿子——罗伯特·格兰特指挥着“邓肯”号，奉命接他回国。就这样，居民们终于脱离了险境。

半个月后，居民们回到了美国大陆。当他们回家时，真理和正义已经获得了胜利，祖国恢复了和平。

史密斯他们利用尼摩船长赠送的珠宝在艾奥瓦州购买了一大片土地，他们在这片土地上从事劳动，继续追求富裕和幸福。在史密斯和伙伴们的努力下，这里的一切都欣欣向荣起来。过去在林肯岛的居民一个也不缺，他们发誓要永远生活在一起。

每隔一段时间，这里就会迎来几位宾客，其中有格里那凡爵士和他的夫人、罗伯特·格兰特船长和麦克那布斯少校，以及一切和格兰特船长、尼摩船长的一生有关的人。总而言之，大家都非常幸福，他们像过去那样团结在一起。

不过，史密斯和伙伴们永远不会忘记那座荒岛，他们在那里生活了4年，从白手起家到衣食无忧，那里的经历是他们一生中最大的财富……

到北方去打猎

[苏联] 维·比安基

我们的国家疆域辽阔。在列宁格勒，春天打猎的季节早就过去了，可是在北方，河水刚刚泛滥，正是打猎的好时候。因此，有很多猎人都会赶到北方去打猎。

天空中布满了乌云，今天的夜就像秋夜一样黑。我和塞索伊奇划着小船，在林中的小河里缓缓地前进。这条河的两岸又高又陡。

塞索伊奇是个出色的猎人，能打各种飞禽走兽。不过他不喜欢捕鱼，甚至有些瞧不起捕鱼的人。所以，今天我们虽然也是去捕鱼，可是他一口咬定他是去“猎鱼”的。他不用鱼钩钓，不用渔网捞，也不用什么别的渔具捕鱼。

很快，小船穿过小河，来到广阔的泛滥地区。周围尽是些灌木，再往前走，只能依稀看见模糊的树影。过了这一段，就是黑糊糊的森林了。

夏天的时候，这里的一条小河和一个不太大的湖之间，仅隔着一条窄窄的河岸，河岸两边长满了灌木。湖和小河之间有一条窄窄的水道可以通过。不过，我们现在不用费心去找那条通道，因为周围水很深，小船可以自由地在灌木丛中穿行。

船头有一块铁板，上面堆着许多枯树枝。塞索伊奇擦了一根火柴，点燃了篝火。篝火发出红黄色的光，照亮了周围的水面，也照亮了光秃秃的灌木丛。不过，现在可没工夫四处张望，我们只是注视下面，注视着被火光照亮了的水的深处。

我轻轻地划着桨，小船静静地前进着。我们已经来到了大湖，再往前就是森林了。在我的眼前，出现了一个奇幻的世界。

湖底好像隐藏着无数高大的巨人，他们只露出头顶，乱蓬蓬的长发无声无息地漂动，是水藻还是水草呢？

瞧，这原来是一个深不见底的水潭。或许并没有想象中那么深，因为湖面上一片昏暗，而火光只能照到水下两米深的地方。这黑咕隆咚的深潭里，究竟藏着什么东西呢？

我正在瞎想，一个银色的小球突然从水里浮上来。它起初上升得很慢，后来上升得越来越快，个头也越来越大，眼看就要冲出水面，碰到我的眼睛了。我不由得缩了一下头，就在这时，它炸开了，原来只是个普通的沼气泡。

这时的我，就好像坐在飞艇上，在一个陌生的星球上空飞行。

许多岛屿从下面滑过，岛上长满了茂密、挺直的树木。是芦苇吗？一个黑黝黝的怪物，把它那弯弯的手臂向我们伸过来，就像是一只巨大的章鱼，也像乌贼。不过它的触须比章鱼和乌贼的更多些，样子也更难看、更吓人。这到底是什么东西呢？我仔细看了看，哦，原来是一棵淹没在水里的白柳残株。

这时，我被塞索伊奇的动作吸引了过去。

他从船头站起来，用左手举着鱼叉——他是左撇子。他眼睛炯炯有神地注视着水里，样子威武极了，好像一个满脸胡须的矮个子军人正擎起长矛，要刺死跪在他脚下的敌人。鱼叉有2米长，下面一头是5个闪闪发亮的钢齿，每个钢齿上还有倒齿。

塞索伊奇的脸被篝火映照得通红，他转过头，朝我做了个鬼脸。我把小船停住了。

塞索伊奇小心翼翼地把鱼叉伸到水里，顺着他的目光，我看见水深处有个笔直的黑长条儿。

起初我以为那不过是一根棍子，后来才瞧清楚，原来是一条大鱼的脊背。塞索伊奇把鱼叉斜对着那条鱼，慢慢地向更深处伸去。突然，他猛地一戳，鱼叉刺进了大鱼的脊背。湖水翻腾起来，塞索伊奇拽回鱼叉，上面扎着条大鲤鱼，足足有2千克，还在不停地挣扎！塞索伊奇把它弄下来，扔到船舱里。

我们划着小船继续前进。不一会儿，我就发现了一条不算大的鲈鱼。它钻进水底的灌木丛里，一动也不动，好像正在深思着什么。

这条鲈鱼离水面很近，我甚至连它身上的黑条纹都能看清。我看了看塞索伊奇。他摇摇头，意思是嫌这条鱼小。于是我们放过了它。

我们绕着湖面划了一圈。水底世界的迷人景色，一幕一幕从我的眼前浮过。塞索伊奇已经“猎”到了好几条大鱼，我还是舍不得把视线从眼前的美景上移开。

我们又发现了一条鲤鱼、两条大鲈鱼和两条长着细鳞的金色鲤鱼，它们都从湖底游进我们的小船底。

黑夜快过去的时候，我们的小船来到了田里。一根根烧得通红的树枝掉在水里，嘶嘶地响着。

偶尔可以听见野鸭扑打翅膀的声音。一只小猫头鹰躲在黑黝黝的树枝深处，不停地叫着，好像在告诉人们：“斯普留[1]！斯普留！”有一只小水鸭在灌木丛后面唧唧地叫着，叫声还挺动听的。

我看见船头有一根短木头，就把小船往旁边一拐，免得撞上它。这时，塞索伊奇忽然低声叫起来：“停……梭鱼……停！”他兴奋得连说话都带“嘶嘶”声了。

我把小船停了下来。

鱼叉柄的上端拴着一根绳子。塞索伊奇手疾眼快地把绳子缠在自己的手上，瞄准了半天，终于举起鱼叉，使出浑身的力气猛地叉了下去！

后来，这条鱼竟然拖着我们走了好一会儿！幸亏鱼叉刺得很深，它没法逃脱。“它足足有7千克重！”塞索伊奇兴奋得声音都有些发抖。

他费了好大的劲才把它拖上船。这时，天已经亮了，琴鸡“唧唧咕咕”的叫声透过薄雾传到我们的耳朵里。

“好了！”塞索伊奇高兴地说，“现在我来划船。”于是，我们调换了位置。“你拿好枪，可别错过机会！”塞索伊奇嘱咐我。

凉爽的晨风很快驱散了薄雾，天空变得明朗起来，这是一个美丽的、晴朗的早晨。

此时，一层绿色的薄雾正笼罩着森林的边缘，我们沿着林边继续划船。水里伸出了一些光滑的白桦树干，还有一些粗糙的黑云杉树干。我们眺望远方，树林好像吊在半空中一样。往远处看，有两片树林浮动在眼前：一片树林树梢全部朝上，一片则全部朝下。镜子般的水面奇妙地荡漾着，倒映着一根根白色树干和黑色树干，照

1 斯普留：俄文“我要睡觉”的意思。

碎了、摇散了千万根细树枝。

“准备……”塞索伊奇低声预告说。

我们沿着这片银光闪闪的水上“林中空地”，划到了桦树林边。在光秃秃的树枝上，栖息着一群琴鸡。奇怪的是，这些又大又重的琴鸡怎么就没把那些纤细的树枝压断呢？

琴鸡身体结实，长着小脑袋、长尾巴，尾巴尖上好像拖着两根辫子，在明亮的天空中，乌黑的身体显得格外明显。我们已经离它们很近了，塞索伊奇小心地划着船。为了不把这些容易受惊的鸟儿吓跑，我不慌不忙地端起了双筒枪。

那群琴鸡转过脑袋看着我们，它们一定在纳闷：这漂在水上的是什么东西，有没有危险？

鸟的思想是迟钝的。现在离我们最近的一只琴鸡，距离我们只有50步了，它正心慌意乱地把小脑袋转来转去，大概在想：“万一有什么意外的话，我该往哪儿飞呢？”它跳着两脚，缩上又踏下。纤细的树枝被它压得弯了下来。为了保持身体平衡，它惊慌地扇动着翅膀。不过，它看到其他伙伴都待在那儿不动，也就放下心来。

我端起了枪，“轰隆”一声枪响，声音从水面向树林荡漾过去，就像碰到墙壁一样，传过来一阵回响。

琴鸡“扑通”一声掉进水里，溅起了一片水花，水波在日光的照耀下显得七彩斑斓。剩下的那些家伙们慌了，急急忙忙扑打翅膀飞走了。我急忙向飞起的一只琴鸡开了第二枪，可惜没打中。

“一早就打到这么一只羽毛紧密的大家伙，已经很不错了！”塞索伊奇向我表示祝贺。

我们捞起那只湿淋淋的琴鸡，不慌不忙地往回划去。太阳已经升起来了。一群燕雀从空中掠过，发出欢快的鸣叫……

森林里的侦察兵

[苏联] 维·比安基

大森林深处有一棵歪脖老树，树上住着两只长着灰色羽毛的猫头鹰，它们的家是一个深深的树洞。

猫头鹰又被人们叫作“林鸮”。早春时候，母林鸮在乱糟糟的树洞里生了4个蛋，每个都又圆又白。

猫头鹰是夜行动物，等别的鸟儿都进入梦乡的时候，它们才轻手轻脚地从洞里飞出来觅食。所以，森林里的居民谁也不知道“夜行大盗”——猫头鹰们究竟住在什么地方。

不知道猫头鹰藏身何处的，也包括戴菊莺夫妇。戴菊莺是一种个头十分娇小的鸟，头上有一小撮羽毛是黄色的，远看就像戴了一顶小黄帽子。它们已经在森林里飞了很长时间，想找一个安静的地方筑巢。终于，它们挑中了一棵高大、粗壮的云杉树。

那棵云杉树恰好挨着一棵歪脖老树。那棵歪脖老树？是的，就是猫头鹰在上面安家的那棵歪歪扭扭的老树。

夏天刚刚来临的时候，母猫头鹰藏在树洞里安静地孵宝宝，而戴菊莺已经开始在云杉树上建造温暖的小窝了。

小鸟们飞到云杉树最高的梢头，用细细的云杉树针叶细心地编制着自己的小窝。

下面的猫头鹰似乎觉察到了什么，它发现在云杉树那繁茂的树枝中间有一个像小圆球一样的东西，而且它是用云杉树的针叶编制成的。可是它还没有明白眼前这一切，更不知道那小圆球其实是一个小窝，而且这小小的窝里可不简单，里面有苔藓、杂草，还有许多绒毛和羽毛，真是又精美又舒适。

戴菊莺正在细心地打理着自己的小窝，它在小窝的墙壁上挂满了渔网似的编织物，还在地板上铺满了细小、柔软的羽毛。

在这个温暖的小家里，母戴菊莺产下了8个蛋，那些蛋的颜色很特别，是粉红色的，还带有豌豆粒大小的棕色斑点。

过了不到两个星期，可爱的戴菊莺宝宝们出生了。

这时候，小猫头鹰已经长得挺大了，它们的胃口出奇的好，而且越大越贪吃。每天夜里，老猫头鹰要到森林里捉些老鼠和小鸟，然后把猎物撕成一小块一小块的，喂给小猫头鹰吃。如果没喂饱这些毛茸茸的小家伙，它们白天就会吵着要吃肉。

所以，戴菊莺很快发现了自己在和多么可怕的天敌做邻居，而且可怕的猫头鹰就住在自己的巢下面。

戴菊莺宝宝还很小，它们的身子比蜻蜓大不了多少，细小的嘴巴和纤弱的小脚爪根本抵挡不住猫头鹰的袭击，它们根本保护不了自己。

可是，小小的戴菊莺夫妇仍然决定继续和猫头鹰做邻居。夜晚一到，它们就立刻钻进窝里，用身体紧紧挡住自己的小宝宝。每当听到小猫头鹰们在下面发出饥饿的吵嚷声时，它们就吓得浑身发抖，惶恐不已。

老猫头鹰整天忙着在森林里觅食，却没有发现在自己头顶就有一个戴菊莺的巢穴。

渐渐地，小猫头鹰们长出了羽毛，它们开始学着飞离巢穴，自己觅食。

秋天来了，这意味着森林里所有的猫头鹰家庭要彼此分散居住了。每个成年猫头鹰会在森林里选中一块供自己狩猎用的领地。一旦确定了领地，它们就会把自己的家安在那里。

每到晚上，猫头鹰们就会出来巡视自己的领地。

如果发现有另外一只猫头鹰闯进自己的领地，哪怕来挑战自己的敌人是自己的儿女、姐妹或母亲，领地的主人都会毫不犹豫地扑上去。它们用爪子狠命地抓，用尖利的喙凶狠地啄，直到敌人落荒而逃才肯罢休。猫头鹰是凶猛的肉食动物，它们天生就爱争斗，并且把争斗视为生活中不可缺少的一部分，而弱者是不会受到怜悯的。

戴菊莺和猫头鹰大不相同，它们等小宝宝学会飞翔后，就全家一起移居到另一片森林。在那里，它们给自己筑造一个新的巢，并且开始了第二次孵养小宝宝的生活。

就在秋天来临之前，这两窝先后出生的宝宝组合在一起，成了一个亲密、和谐的大家庭。为了确保一家能安然地度过残酷、寒冷的冬天，它们加入了森林里的另一个鸟群，开始了四处漂泊的生活。同时，这群鸟还勇敢地承担起了森林侦察员的工作。

森林侦察员们从早至晚在大树上蹿来跳去，它们仔细查看树木表面的所有缝隙和小洞，寻找隐藏在里面的甲虫、幼虫、卵和蛀虫。

鸟儿们追踪和猎食这些森林的小敌人，一旦发现自己无法抵抗的凶猛野兽或是猛禽，就会立刻向整个森林发出警报。

碰巧这时，有一只年轻的猫头鹰被自己的父母和妹妹赶出了家门，因为它从小生长的那片森林已经不够大了，而它的小妹妹也认为它是个强者，可以独立生活了。于是，就在那个漆黑的深秋夜晚，这只年轻的猫头鹰无奈地离开了自己的家。

那只猫头鹰就这样孤单、苦闷地在黑暗的森林里飞行着。它不停地飞啊，飞啊，到处寻找可以定居的地方。最后，它降落在一小片森林里，决定就在这里定居，并开始寻找一个适合居住的树洞。

突然，漆黑的森林深处传来一声长久的、凄凉的号叫："睡觉！睡觉！"猫头鹰的眼中顿时露出一丝凶光，并本能地张开了爪子，因为它听出来了，这是一只猫头鹰的叫声。

如果要选定此处作为自己的定居之处，年轻的猫头鹰就不得不与该领地的主人不停地厮杀。而这种厮杀考验的不仅仅是体力，有时候为了保护自己的家，甚至一只小猫头鹰也会拼尽全力战胜敌人。

"睡觉！睡觉！"很快，年轻的猫头鹰再次听到从森林深处传来的号叫。它悄悄地向敌人靠近。

经常会有小猫头鹰蹲坐在干树枝上，它们的头上长有突出的尖角。

年轻的猫头鹰张开它那又硬又尖的喙大声号叫起来，睡梦中的小猫头鹰吓得从树枝上"咻"的一声滑了下去，眨眼之间消失在黑暗之中。显然，它不想和眼前这只个头比自己大、力气也一定很大的猫头鹰比武。如果换作是其他时候，它一定不会如此大度地把自己辛苦建造的家拱手相让，但是，现在是9月了，正是候鸟远行的时候。

远方又一次传来小猫头鹰憋闷的号叫："睡觉！睡觉！"随后，森林又恢复了平静。

勇猛的猫头鹰开始在整个树林里巡视，此时，森林里再也听不到任何声音了。现在，它是这片领地的主人。

这片树林还住着我们熟悉的小鸟——戴菊莺。

猫头鹰很快就适应了它的新生活。白天，它躲在树洞里睡大觉，到了夜里就外出觅食。

一天夜里，它悄悄地飞到了一小块林中空地上。它安静地坐在粗树枝上，一动不动地倾听着周围的动静。不一会儿，一只小老鼠跳到了地上，带动着树叶发出"沙沙"的轻微响声。

猫头鹰飞快地从粗树枝上俯冲下来，它飞得太快了，只看到它的影子一闪而过，翅膀扇了几下，眨眼之间就抓住了那只可怜的小老鼠，它锋利的爪子深深地扎进小老鼠的背部。这个长着翅膀的大怪物把小老鼠从地面拎到半空中，并用坚硬、锋利的嘴巴使劲敲打着猎物。

接着，猫头鹰用利爪抓着猎物回到自己的窝里，美美地饱餐了一顿。最后，小老鼠只剩几撮短毛落在树下的地面上。

这之后的一段时间，猫头鹰每晚都在树下守候，伺机捕获各种猎物，于是树下小兽的皮毛越积越多了。

偶尔也会有鸟类的羽毛出现在树下，因为猫头鹰从来不会放弃趁鸟儿们熟睡时抓捕它们的好机会。

不过，在这片森林里，猫头鹰从来没有逮到过黑乌鸦。那种乌鸦个头比它还大，猫头鹰对它们强劲、尖利的嘴巴还是有几分畏惧的。

某天夜里，猫头鹰像往常一样蹲坐在它守候猎物的树上。皎洁的月光映照着大地，树林中吹起一阵微风，周围一点儿声音也没有，仿佛死一般的沉寂。

那天白天刚下过一场大雪，所以即便在夜里，整个森林也闪耀着银色的光辉。

突然，一个小雪团从一棵云杉树的宽大叶片上坠落下来，落到草地上，很快就融化了。

猫头鹰从树上滑翔下来，掠过一片林中空地，落在一根轻轻摇摆的树枝上。它看起来就像一只巨大无比的蝴蝶，扇动着大翅膀停留在半空中。只见它圆溜溜的、像绿灯笼的双眼正目不转睛地盯着漆黑一片的云杉林深处。

在那里，有一群戴菊莺正香甜地睡在一棵靠近树干的树枝上，它们翅膀叠着翅膀，彼此紧紧依偎在一起。

猫头鹰用敏锐的目光发现了树枝上有一些毛茸茸的小球。那里至少有十几只小戴菊莺，它们紧紧地挤在一起，用自己温暖的翅膀去保护身旁的家人。尽管它们小心地隐藏在那里，可猫头鹰还是清楚地看到了这些小球背后那左右摇摆的短尾巴。

很快，猫头鹰扇动翅膀带动的风声传进了警觉的小鸟的耳朵里，可怜的小鸟立刻被惊醒了，它们吓得浑身颤抖不已。

刹那间，猫头鹰张开了凶狠的利爪，冲向可怜的小鸟们。立刻有3只小鸟成了猫头鹰爪下的战利品，剩下的几只被吓得四处逃窜，侥幸逃走了。

猫头鹰扇动着巨大、有力的翅膀，在雪地上投射出巨大的阴影。那是猫头鹰带着猎物飞回自己的树上。黑暗中，它发出的尖锐刺耳的怪叫声，把整个森林都震动了。

已经被吓破胆的幸存的那几只戴菊莺慌乱中钻进了一棵云杉树的叶子底下，在那里，它们度过了一个惶恐不安的夜晚。

似乎过了很久，天终于亮了。

“笃、笃、笃……”啄木鸟用嘴巴敲击着树干，预示着天已经亮了。整个森林都随之醒了过来。

可是，戴菊莺们仍然不敢离开云杉树。这时，森林深处传来了不知是哪种鸣禽的喧哗声。戴菊莺等了很久才飞过去。

“笃、笃、笃……”啄木鸟不耐烦地继续敲击着树干。

“吱，吱，飞走，飞走！”山雀们积极地回应着它。

不能再拖延了，戴菊莺终于鼓起勇气追上了其他鸟类。

头顶戴红色小帽的啄木鸟是这次行动的最高领导者，由它来领导所有的森林侦察兵。此时，它正坐在一截干枯的白桦树上，用嘴巴使劲地敲击着树干，侦察小组的成员们已经在旁边的树上集合完毕了。

小组的组员除了戴菊莺，还包括：一只穿蓝色外衫的䴓；两只灰色旋木雀——它们的嘴巴有点儿像小锤子；还有一群机灵、可爱的小山雀——它们目光柔和，身披灰色外套，头上还戴着一顶尖尖的小帽子。

看到所有成员都到齐了，啄木鸟终于停止敲击树干，抬起头来，用一只眼睛盯着所有的鸟，然后大声地下达指令：“全体出发！”然后它神态庄严地从白桦树上一跃而下，向前飞去，仿佛它带领的并不是一队小小的侦察兵，而是一支庞大的军队。

䴓也打着呼哨从树上飞下来，跟在啄木鸟身后。

䴓是整个森林唯一能够大头朝下并且沿着树干奔跑的鸟。当啄木鸟有事缺席的时候，它就会临时代替啄木鸟来领导大家。一大群山雀、旋木雀，还有戴菊莺都模仿着䴓，一起打着呼哨跟在它后面。

一会儿，啄木鸟在一棵老桤树上短暂停留了一会儿，活动了一下筋骨后又继续向前飞去。

山雀在树枝上一蹦一跳的，像杂技演员似的表演翻跟斗，做着各种各样的高难度动作。

䴓和旋木雀则沿着树干和树枝爬上爬下，侦察工作已经全面展开了。鸟儿们熟练地找到隐藏在暗处的幼虫，并把它们从大树里捉出来。

只见啄木鸟异常忙碌，它从一棵树上飞到另外一棵树上，还时不时地大声叫着："叽客！叽客！"

而那群欢快的小侦察兵们也紧随其后，十分忙碌。

森林里充满了它们欢快的歌声、尖叫声，还有呼哨声，就像在夏天时一样。可是，这时候的森林明明还覆盖着厚厚的积雪，冬日的清晨，异常寒冷又无比晴朗。

戴菊莺和其他的鸟一起飞着，可它们那细腻、婉转的歌声中多了几分悲凉，因为就在前一天晚上，它们那个和睦的大家庭里有3名成员被猫头鹰抓走了。

就这样，森林侦察兵们从一棵树飞到另一棵树上，不断地捕捉着幼虫。不知不觉中，它们来到了森林中央的那片空地上。在空地边缘的一棵高大、粗壮的白桦树下，小戴菊莺们发现了一撮同伴的羽毛。

接着，它们又从一棵大树的树皮缝隙里，发现了两小片带有白色花纹的绿色翅膀。

戴菊莺们吓坏了，因为它们认出了这正是昨天被敌人掠去的3个兄弟中的一个，很明显，它已经遇害了。

就在这时，从一棵云杉树顶传来一声异常凄厉、高亢的叫声：“科来科，科来科！”

听见这恐怖的叫声，戴菊莺们吓得直哆嗦，赶紧找个地方藏了起来。因为它们以为这是那个“夜行强盗”的怪叫声。

又过了好一阵，戴菊莺们总算明白过来，这熟悉的叫声不是猫头鹰发出的，而是乌鸦发出的。

此时的啄木鸟已经带领自己的队伍飞到了森林深处。忽然，一只头戴深色小帽的鸟从树后转过身来。戴菊莺们立刻警觉地四处飞散。可是，这只棕色的鸟很快就消失得无影无踪了，在它身后还跟着3只小鸟。这是布谷鸟，显然，它们对戴菊莺一点儿兴趣也没有。

这时，戴菊莺们在一棵树的树干上发现了一个黑色、幽深的树洞，树洞里散发出一股潮湿、腐烂的气味。它们立刻飞到一边去了。

现在戴菊莺们常常处于极度的恐惧中。它们小心地环顾四周，感到害怕极了。它们预感到猫头鹰可能就在不远处坐着呢。

终于，前方出现了一点儿亮光，戴菊莺们循着亮光飞落到了一棵小云杉树上，树下恰巧有一个树桩，上面有一个个头不大、样子很丑的大蘑菇。

忽然，树枝把上面的蘑菇慢慢地抬了起来，这时，戴菊莺们从它的身边飞了过去，它们看到在树枝下面居然有一双圆溜溜的大眼睛正闪烁着可怕的光。在阳光的照耀下，那双圆溜溜的大眼睛正在向上仰望。

戴菊莺们终于看清楚了，这只灰色的猫头鹰长着一张猫一样的脸，钩子似的大嘴巴，还有一双毛茸茸的、锋利的脚爪。

此刻，它耷拉着一双羽毛蓬松的大翅膀，正在悠闲地晒太阳呢。戴菊莺一眼就认出了这个怪物——正是昨夜偷袭它们的那只猫头鹰。

只见戴菊莺们竖起了金黄色的羽毛，眨眼之间就躲到树枝底下藏了起来，并从那里发出蚊子般微弱的报警信号。

“刺，刺，来啦，来啦！”耳尖的山雀最先回应了它们。

“叽客！”啄木鸟也大声地回应着。

猫头鹰立刻收紧翅膀，警惕地观察着四周。当它看到小小的戴菊莺时，居然做出了一副十分不屑的表情。而羽毛都竖起来的戴菊莺们立刻躲到了树枝更加茂密的角落。

这时，森林里所有的侦察兵已经赶来援助它们了。

只见啄木鸟蹲坐在一棵云杉树上，用力敲击着树干，大声叫喊着。鸮和旋木雀在树枝间来回穿梭，不时发出尖厉的呼哨声。勇敢的小山雀们则直接加入了战斗，它们直接冲猫头鹰扑去，嘴里发出愤怒的尖叫声，它们那尖利的小翅膀差点儿就扎到了猫头鹰。戴菊莺们也开始了勇敢的反击，它们和山雀们一起对付强大的敌人。

猫头鹰发出了恐怖的尖声号叫，但它仍旧留在原地，只是轻轻晃动了一下脖子，然后转过头向周围看了一圈。

鸟儿们在猫头鹰的上空盘旋着，就像四处飘散的落叶，但是耀眼的阳光直射它的眼睛，导致它没有办法捉住这些机灵的小不点儿。

在阳光下，大家对猫头鹰的每一个动作都看得异常清楚。突然，大家排出阵形，将它团团包围，一起发起了猛攻。

可是，猫头鹰仍然坐在那里一动不动，而大家的眼神里充满了对它的极度憎恨。它自己感觉有点懵，盘算着怎么才能够神不知鬼不觉地溜回自己黑暗的树洞里去。

为了能够神不知鬼不觉地飞回密林深处，猫头鹰小心地在树桩上掉转了一下身子。可就在这一瞬间，布谷鸟突然从密林里冲了出来，愤怒地向猫头鹰扑去。原来，布谷鸟们听到小侦察兵们发出的报警信号后，就一直埋伏在附近，准备偷袭猫头鹰。

小侦察兵们立刻变得兴奋起来，因为它们没有料到布谷鸟也能加入战斗。那竖起一撮羽毛、浑身羽毛蓬乱、叫声响亮的布谷鸟一加入，小鸟的队伍立刻壮大了。

当然，猫头鹰可不会轻易就被它们吓到，因为它清楚，单凭自己一张钩子似的大嘴巴，就能不费吹灰之力地解决它们当中的任何一个。

对于猫头鹰来说，它并不害怕鸟群尖利的嘴巴，却受不了它们集体发出的尖叫声，因为那震耳的尖叫声会破坏它脆弱的听力。它终于拍拍翅膀，飞到了空中。

可是，通往树洞的路已经被这些拼命进攻的鸟堵死了。于是猫头鹰开始在森林上空慢慢地兜圈子，琢磨着到哪儿去躲开这些讨厌的小鸟。

布谷鸟和小侦察兵们继续奋勇地朝猫头鹰扑去，它们的尖叫声足以使整个森林都震颤起来。

在高大的云杉树上，黑乌鸦们听到了鸟儿们尖锐的叫声，立刻用锐利的双眼搜寻猫头鹰的踪影。

乌鸦一家也从云杉树上飞了起来，它们快速扇动着翅膀，飞过去拦截猫头鹰的去路。

猫头鹰听到了自己身后传来的叫声，赶紧掉转了方向，朝另一个方向飞去。此时，它沉默不语，因为它心里十分清楚，如果乌鸦一心想把它赶走的话，那它一定是在劫难逃了。

戴菊莺们的小翅膀是追不上猫头鹰的，所以它们返回了森林。现在，它们已经完成了自己能做到的一切——它们找到了可怕的敌人，并召集了所有白天行动的鸟。那些鸟都对猫头鹰深恶痛绝，就算是白天看到它，也不会和它交朋友的。

森林里的一切还在继续。猫头鹰最终没能避开乌鸦的追赶，逃离了森林。成功赶跑敌人的乌鸦们又飞回高大的云杉树上。疲惫至极而又心惊胆战的猫头鹰也只能去寻找新的领地了。

此后，没有谁知道猫头鹰到底有没有找到新家，是否落入比它更为凶猛的野兽的利爪之下。

总之，猫头鹰再也没有返回那些和睦、善良的小侦察兵们居住的森林。那之后的每个夜晚，当戴菊莺们互相搭着翅膀，挤在一起睡觉的时候，再也没有谁来骚扰它们了。

图书在版编目(CIP)数据

文学大师给你讲科普故事. 探索卷 / 龚勋主编. —杭州：浙江科学技术出版社，2015.1（2015.6重印）

ISBN 978-7-5341-6324-1

Ⅰ. ①文… Ⅱ. ①龚… Ⅲ. ①科学知识—普及读物 Ⅳ. ①Z228

中国版本图书馆CIP数据核字（2014）第262305号

书　　名	**文学大师给你讲科普故事　探索卷**
总 策 划	邢　涛
主　　编	龚　勋

出版发行	**浙江科学技术出版社** 杭州市体育场路347号　邮政编码：310006 办公室电话：0571-85176593 销售部电话：0571-85176040 网　址：www.zkpress.com E-mail：zkpress@zkpress.com
设计制作	北京创世卓越文化有限公司
印　　刷	北京赛文印刷有限公司

开　　本	720×975　1/16	**印　　张**	12
字　　数	140 000		
版　　次	2015年1月第1版	**印　　次**	2015年6月第2次印刷
书　　号	ISBN 978-7-5341-6324-1	**定　　价**	25.00元

责任编辑　胡　水　周晓波　　**责任校对**　赵　艳　　**责任印务**　田　文